JN418829

경북의 종가문화 25

경주 남쪽의 대종가, 경주 잠와 최진립 종가

경북의 종가문화 25

경주 남쪽의 대종가,
경주 잠와 최진립 종가

기획 | 경상북도 · 경북대학교 영남문화연구원
지은이 | 손숙경
펴낸이 | 오정혜
펴낸곳 | 예문서원

편집 | 유미희
디자인 | 김세연
인쇄 및 제본 | 주) 상지사 P&B

초판 1쇄 | 2013년 10월 31일

주소 | 서울시 성북구 안암동 4가 41-10 건양빌딩 4층
출판등록 | 1993년 1월 7일(제307-2010-51호)
전화 | 925-5914 / 팩스 | 929-2285
홈페이지 | http://www.yemoon.com
이메일 | yemoonsw@empas.com

ISBN 978-89-7646-314-2 04980
ISBN 978-89-7646-307-4 (전8권)
© 경상북도 *2013 Printed in Seoul, Korea*

값 20,000원

경북의 종가문화 25

경주 남쪽의 대종가, 경주 잠와 최진립 종가

손숙경 지음

예문서원

지은이의 말

1990년 봄 이조伊助라는 마을 이름과 최씨 성이 기재된 고문서 한 점을 입수하였고, 이것을 연구하기 위해 이조를 여러 차례 찾는 과정에서 방대한 고문서를 발굴하였다. 그리고 그 여정이 20년이 지난 현재 경주최씨 잠와종가를 집필하는 데까지 이어졌다. 당시 최진립이 제향된 용산서원에서 발굴한 고문서는 분량뿐만 아니라 그 내용 또한 풍부하여 이를 정리하는 데 엄청난 공력이 투입되었다. 돌이켜 본다면 고문서 편저도 직접 출간하고 보다 많은 연구도 내놓아야 했을 것이다. 그렇지만 그럴 여건과 기회를 갖지 못하고 논문 한 편과 해제를 쓰는 데 그치고 말았다. 그 후 다른 지역의 고문서 자료를 계속 발굴하고 연구하는 과정에서도 늘 경주 용산서원에서 발굴했던 기억이 떠올랐고 언젠가는 다시 연구를 해야 하겠다고 다짐을 하곤 했다. 그동안 많은 시간이 지났고 늦었지만 잠와종가에 대하여 쓸 수 있게 되었으니 만감이 교차하는 것 같다.

임진왜란과 병자호란 때 공을 세운 정무공 최진립을 중시조로 하는 경주최씨 종가는 경주지역을 남과 북으로 나누었을 때 남쪽지역의 엘리트들을 대표하는 가문이다. 최진립은 불천위로 제수되고 후손들은 다섯 아들 각각을 비조로 하는 계파로 분화 성립하였다. 노블레스 오블리주를 실천한 것으로 잘 알려진 경주 교동의 최부잣집이 이 다섯파 중 한 파인 만큼 이조 종가의 위치는 각별한 것이다. 이러한 면을 고려하여 이 책에서는 다음과 같은 점에 중점을 두었다.

첫째, 잠와종가를 다루면서 특히 용산서원에 소장된 고문서들을 자세히 다루었다. 이 고문서들은 조선 후기 서원의 전형적인 모습을 보여 주는 매우 중요한 역사적 가치를 지니고 있다. 잘 알려진 바와 같이 조선 후기 서원의 다수가 문중 서원으로서 이를 구심점으로 가문의 결속을 다지고 지역사회에서 명망을 쌓아 나가는 데 중요한 역할을 하는 등 서원과 종가와의 밀접한 관련을 고려한 것이다.

둘째, 종가를 지역사회의 조직체계와 관련지어 서술하였다. 종가는 홀로 유지되는 것이 아니라 지역사회와의 연망 속에서 이루어지기 때문이다.

셋째, 종가의 제례문화와 함께 종손과 종부의 삶의 모습을 기술하였다. 많은 변동에 직면하여 적지 않은 종가들이 단절되는 가운데 상당수의 종가들이 현재까지 생명을 유지한 배경에는 전통을 답습하는 데 그치지 않고 과거를 지혜로 바꿀 수 있는 저력을 갖고 있기 때문이라 보았다.

최진립의 장자 계열은 이조에 세거한 반면, 다른 아들들의 후손은 인근지역으로 이주하여 각기 계파를 형성하였다. 이들은 이조의 대종가와 대비하여 소종가라고 칭한다. 이 책에서는 주로 이조의 대종가에 초점을 맞추었다. 교동의 최부잣집의 명성이 널리 알려지면서 이 집안이 남면의 최씨 대종가로 아는 사람들이 적지 않으나 실제 대종가는 바로 불천위를 모시고 있는 이조의 최씨이다.

최근 경주 교동 최부잣집의 미덕에 대한 논의가 무성한데, 그 근원은 잠와 최진립에서 비롯되었을 것으로 이야기되고 있다. 여기에 대하여 좀 더 많은 논의가 필요하며 이를 위하여 다른 소종가는 물론 이조의 대종가에 대하여도 관심을 갖는 것이 필요할 것 같다. 오히려 최부잣집에 대한 자료는 제한되어 있으나 이조의 대종가의 관련 문헌이 풍부하게 남아 있는 만큼 시선을 확장하는 데 도움이 될 것이다. 풍부한 내용을 담은 문중 서원 고문헌 자료를 필자가 발굴하고 정리한 후 이것을 많은 연구자들이 널리 활용하고 있으나 아직도 그 성과가 충분하다고 할 수는 없을 것 같다.

많은 분이 도와주어 이 책을 집필할 수 있었다. 20여 년을 한결같은 마음으로 필자를 대해 주시고 이번 작업에도 적극 협조해 주신 경주최씨 14대 종손인 최채량 선생과 종부께 깊은 감사를 드린다. 잠와종가의 건축물과 관련하여 자료를 제공해 주신 경주최씨 3파의 주손인 신라문화유산연구원의 최영기 원장께도 고마운 마음을 전한다.

서술 과정에서 활용한 연구 문헌들은 주를 달아서 출전을 밝히는 것이 당연할 것이다. 그렇지만 편집 방침에 따라 참고문헌에만 수록하는 것으로 그쳤다. 저자들에게 양해를 구한다. 끝으로 원고 정리 및 사진 자료 등 실무를 담당한 영남문화연구원 경북종가문화연구팀의 노고가 각별했다는 사실도 덧붙이고 싶다.

잠와종가와 오랫동안 인연을 맺어 이 책을 집필하였지만 이 책의 성격상 잠와종가의 역사를 본격적으로 다루는 데에는 한계가 있을 수밖에 없다. 또 다른 기회에 보다 체계적인 연구를 수행할 수 있기를 고대한다.

2013년 7월의 마지막 날에

손숙경

차례

제1장 입지 조건과 형성 과정

1. 입지 조건

잠와종가가 위치한 이조리는 경주시에서 언양 쪽으로 12킬로미터 남쪽에 위치한다. 형산강 지류인 남쪽에서 흘러들어 오는 미역내와 동에서 흘러들어 오는 별내, 그리고 마을 앞을 흐르는 이조천의 세 지류가 합수하는 지역이다. 현재 경상북도 경주시 내남면 이조리인 이곳에 경주최씨 정무공 가문이 세거하고 있다. 내남면에는 금오산과 고위산을 잇는 금오산맥金鰲山脈과 단석산, 고헌산을 잇는 주사산맥朱砂山脈이 남쪽으로 뻗쳐 있어 각각 동과 서의 경계를 이루고 있으며, 이들 산맥 사이로 형산강 상류인 인천이 흐르고 있다. 동쪽으로는 외동읍, 남쪽으로는 울산광역시 울주군, 서쪽으로는 건천읍과 산내면山內面, 북쪽으로는 탑

이조리 삼와송택

정동에 접하고 있는데, 남산 서쪽 비탈과 함께 형산강의 상류가 관통하는 곳이다.

내남면은 경주에서 언양, 양산을 거쳐 부산에 이르는 교통의 중추였으며, 경부고속도로 역시 내남을 관통하고 있다. 서울에서 경부고속도로를 타고 오다 보면 경주 톨게이트를 지나 경주 남산을 좌측에 끼고 달려가면서 곧 만나는 너른 평야가 바로 이조마을이 자리 잡은 곳이다. 1906년 군구역조정郡區域調定으로 그

지명을 경주군 내남면內南面으로 지칭하여 현재까지 내남면이라 부르고 있다.

'이조리'는 포회浦會, 개무덤, 갯모듬 등과 같이 다양하게 일컬어지고 있으며, 그 명칭이 유래한 설 또한 다양하게 전해지고 있다. 포회는 '포구가 감돌아 나간다'는 의미로 마을 주변의 개천과 관련된 것이라 하겠다. 이곳은 경주에서 울산으로 가는 방향의 형산강 상류로, 청도 방면의 산내면에서 박달리, 상신리를 거쳐 내려오는 개울과 남쪽으로는 울주군 방면의 봉계리에서 내려오는 물이 양쪽에서 흘러와서 합수되는 곳이기 때문이다.

이곳을 개무덤이라고 부르는 데는 몇 가지 설이 있다. 첫 번째 해석으로는 '개의 무덤'이란 뜻이 아니라, '개모음' 또는 '개모듬'이라는 말이 변해서 된 것이라 보는 것이다. 여기서 '개'란 '개울'을 말하는 것이다. '개모듬'은 '개울이 모이는 곳'이라는 의미이다. 이곳을 포회라고 부르는 설도 있는 것을 보면 개천과 관련된 것으로 짐작할 수 있다. 실제로 이곳은 물이 풍부하고 땅이 기름져서 농사가 잘되는 곳이다. 풍수에서도 이렇게 물이 흘러와 만나는 곳은 재물이 많이 모이는 터라고 본다.

또 하나는 '개의 무덤'이라고 보는 설로, 최부잣집의 분재기 등에 보면 '견분犬墳' 또는 '구분狗墳'으로 나타내고 있는 것을 알 수 있다. 또 최정희가 쓴 『한국불교전설』 속의 이조리 전설도 개의 무덤과 관련된 것이다.

남편을 일찍 여의고 자식을 키우느라 고생하던 한 노파가 죽어 염라대왕 앞에 나왔다. 노파를 불쌍하게 여긴 염라대왕은 집 밖의 세상 구경도 제대로 못한 노파를 개가 되게 하여 아들의 집을 지키도록 환생시켰다. 이승에 있는 노파의 아들 박씨 집에서는 개 한 마리를 기르고 있었는데 갑자기 배가 불러지더니 새끼 한 마리를 낳았다. 강아지는 박씨 내외의 사랑을 받으며 날이 갈수록 쑥쑥 자랐고 박씨 부부는 집안을 개에게 맡겨 두고 온종일 들판에 나가 일을 했다. 그 개는 매우 영특하여 동네 사람들에게 귀여움을 받았다.

그러던 어느 날 삼복더위에 밭일을 마치고 돌아온 박씨는 갑자기 개를 잡아먹고 싶은 마음이 생겼다. 그런데 다음 날 아침 그 개가 기척도 없이 자취를 감춰 버렸다. 그 개는 고개 너머에 사는 딸네 집으로 도망갔다. 그런 일이 있은 지 며칠 후 박씨 집에 들른 스님 한 분이 문 앞에 선 채 말없이 박씨를 쳐다보며 전생의 어머니가 그 개로 환생했으며 지금 딸의 집에 있음을 알려 주었다. 그 후 박씨는 개를 찾아 등에 업고 팔도 유람을 시작했다. 어느 날 고향 근처에 다다른 박씨는 잠시 쉬다가 자기도 모르게 잠이 들었다. 잠깐 졸다가 깨어 보니 등에 업은 개가 없어졌다. 사방을 찾아보니 개가 앞발로 흙을 긁어 작은 웅덩이를 마련해 놓고 자는 듯 죽어 있었다. 박씨는 슬피 울며 그곳에 묘를 쓰고 장사를 지냈으며, 그 후 박씨 일가는 가세가 번창하여 부자가 되었다.

이 전설에 의하면 경주시 내남면 이조리 마을엔 아직도 이 무덤이 남아 있어 오가는 사람에게 효심을 알려 주고 있다. 마을 이름에서 유추하여 누군가 지어낸 이야기로 구전되어 내려오는 듯하다. 이 외에 각간 위홍의 설화와도 관련이 있다고 한다. 이 가운데 첫 번째의 '개울이 모이는 곳' 이라는 설이 가장 믿을 수 있는 것이라 할 수 있다. 어쨌든 전설의 마지막에도 박씨가 부자가 되었다고 한 것을 보면 이 지역이 부자를 낳을 수 있는 기름진 땅임을 짐작할 수 있다.

한편 이조리는 풍수지리적으로는 금계포란형金鷄抱卵形의 길지로 알려져 있다. 3면의 산이 마을을 향해 읍을 하고 있는데 비보설(도와서 보충한다는 설)에 입각하여 송림을 조성하여 북쪽의 공백을 메웠다. 또한 풍수지리적으로 행주형行舟形에 속한다고 하는데 잠와종택이 자리 잡은 이조리는 그 사이에 떠가는 배에 해당한다는 것이다. 이 때문에 종택에는 예전부터 우물을 파지 않았으며, 정려각의 뒤쪽의 개무덤이라 전하는 무덤 위에 '천작도天作棹' 라는 노櫓 형상의 석물을 만들어 배의 운행을 비보하였다. 또 배에 많은 재물을 싣는 것은 좋지 않기 때문에 부자는 자리 잡지 못한다는 이야기도 전하는데, 교동의 최부잣집이 이곳에서 100년간 만석을 하다가 경주 교동으로 이주한 것도 이 때문이라

천작도

고 한다.

이조 주변은 평야지대와 풍부한 관개용수를 보유하고 있어 농사를 짓기에 적합했다. 따라서 강동면 양동마을의 경주손씨,

여강이씨들의 터전이 되었던 안강평야 못지않은 자연적 조건을 가지고 있다. 이조마을과 최진립 이래 최씨의 터전이었던 인근의 신을, 명곡촌 일대는 사족들이 자리 잡기에는 더없이 좋은 조건을 갖추고 있었다. 이렇듯 이 마을이 경주 남쪽지방의 사회문화적 거점이 된 것은 우연이 아니었다.

2. 입향과 정착

경주최씨 정무공과 가문이 이조리에 입향한 것은 정무공 최진립 대부터이다. 이후 이곳에 동성촌락을 이루며 세거하여 왔다. 이조리는 경주최씨 가문이 입향하기 전에 파평윤씨 일족이 번창하였는데, 당시 마을 이름이 이조伊助였다. 이 지역에 전해오는 구전에 의하면 한자 뜻대로 윤씨가 돕는 마을이라는 의미로 파평윤씨 가문이 마을 이름을 붙였다고 한다. 그렇지만 이 마을에 최씨가 거주하고 난 이후 윤씨가 거의 없어 이곳에 윤씨가 세거해 온 사실에 대한 구체적인 상황을 확실히 알 수는 없다. 다만 이조리의 마을 규약인 『이조동안伊助洞案』에 등재된 인물 가운데 윤씨가 기록된 것을 볼 때 이 마을에 윤씨가 세거하였음을 알 수 있다. 정무공 최진립 이후 경주최씨 가문이 위세를 떨치면서 마을 이름을 가암佳巖이라 개칭하였고 이후 이조로 다시 개정되었다.

경주최씨는 신라의 전신인 진한의 6부촌 중 하나인 돌산 고허촌의 대인 소벌도리가 득성조이다. 신라 말 진성여왕 때의 최치원을 시조로 11세손까지 크게 34파로 나뉘는데, 관가정공파·사성공파·광정공파·정랑공파·화숙공파·충렬공파 등 6대파가 주축을 이루고 있다. 그중에서도 관가정공파와 사성공파의 후손들이 가장 많다고 한다.

경주최씨 사성공파는 조선 초 성균관사성을 지낸 최예(1373~1398)를 파시조로 한다. 그 후 6대손인 정무공 최진립(1568~1636) 때 다시 갈라져 사성공파 중 가암파로 분파되었다. 사성공 최예에서 정무공파에 이르는 세계世系를 정리하면【세계도 1】과 같다.

사성공 최예는 1393년(태조 2)에 문과에 급제하여 관직은 중직대부성균관사성中直大夫成均館司成이었고 청백으로 이름을 떨쳤다. 2세, 3세인 최상정과 최우강은 각각 1470년(세조 6), 1480년(성종 11) 무과에 급제하여 훈련원참군을 지냈다. 4세 최득정은 중직대부군기시첨정을 역임하였고 5세 최삼빙은 통정대부승정원좌승지 겸 경연참찬관에 추증되었다. 6세 최신보는 가선대부병조참판 겸 동지의금부사에 추증되었다.

경주최씨 가문은 황오리(현재의 황오동)에 세거하였다. 정무공

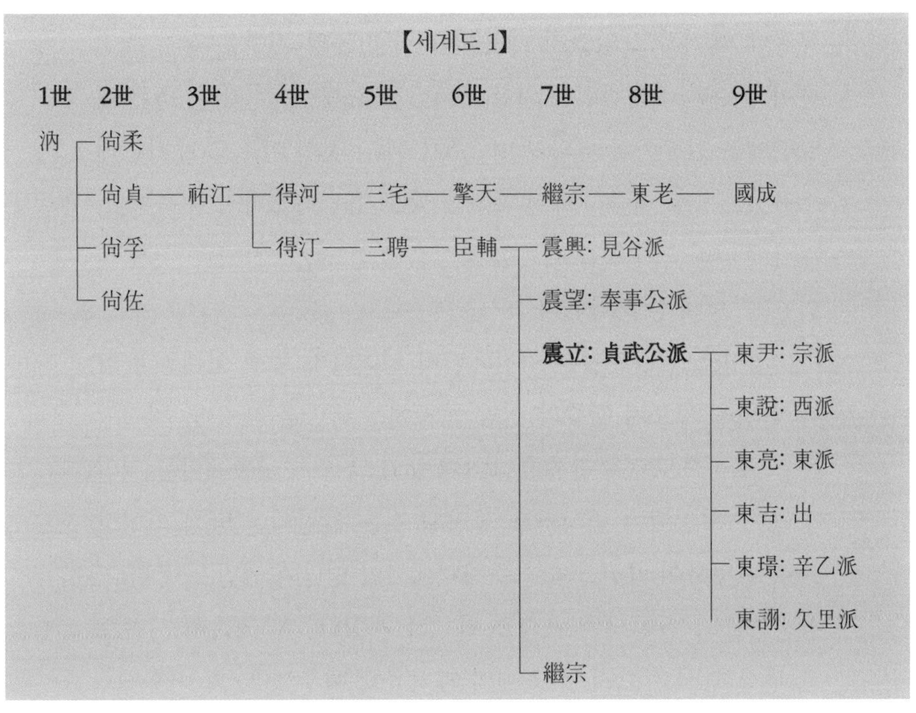

의 증조부인 최득정 대에 현곡 구미동으로 이거한다. 그 후 다시 현곡 구미동을 떠나 이조리에 정착하게 된다. 최진립은 1576년 이조리로 이사를 하였다. 최진립의 아버지 최신보가 이조리에 별서別墅를 짓고 거처하니, 최진립도 이곳으로 이거한 것이다. 이때부터 이조리는 최씨가의 터전이 되었다. 반면 최진립의 형 최진흥은 최득정 이후 세거한 구미동에 계속 자리 잡았다.

최진립의 이거 배경은 정무공의 외가인 평해황씨가 내남면

못골에 세거하고 있었기 때문이다. 구미동의 기반은 장자 최진홍이 물려받고 최진립은 외향을 따라 분가해 온 것 같다. 또한 내남면에는 천룡사 소속의 밭이 있었는데 이것이 이조 최씨 가문의 소유였으므로 이주하여 정착하는 데도 유리하였다고 추측된다. 외가에 따라 거주지를 이동한 양상은 조선 전기 사족들의 전형적인 이주 형태 중 하나였다.

입향조인 최진립은 임진왜란이 일어나자 동생 최계종과 함께 의병을 일으켜 경주와 언양 등지에서 군공을 세웠다. 최진립은 그 포상으로 선무원종공신에 올랐고 그 후 수군통제사를 역임하였다. 최진립이 중시조로 설정된 것은 임진왜란 당시 의병장으로 활동하여 자신들의 거주지역에서의 명망과 기반을 굳힌 지방사족들의 전형적인 모습을 반영하고 있다. 이 씨족이 사족으로 부상한 것은 고려 말 최예의 과거급제 이후였다. 그 이후 500년 이상을 사족 가문으로 존속한 이 가문이 경주지역에서 보다 확고한 기반을 닦게 된 것은 임진왜란을 맞아 세운 군공 때문이었던 것이다. 이러한 경력은 조선 후기 이후 각 지역의 유력한 사족들로 품정되는 가문들의 보편적인 모습이기도 했다.

최진립을 중시조로 받드는 이조 최씨 가암파는 다시 최진립의 여섯 아들 중 넷째인 최동길이 최진립의 맏형인 최진홍에게 출계했는데, 동학의 창시자인 유명한 최제우가 바로 그 후손이다. 나머지 다섯 아들의 후손들은 각기 계파를 형성하였는데 이들을 종파, 서파, 동파, 신을파, 사리파로 불렀다. 이것은 그들이 각기 인근지역으로 분가한 후 정착하여 동성촌락을 형성함에 바로 이들이 세거한 지역을 근거로 명명된 것이다. 이를 세계도의 필요 부분만 제시하면 다음과 같다.

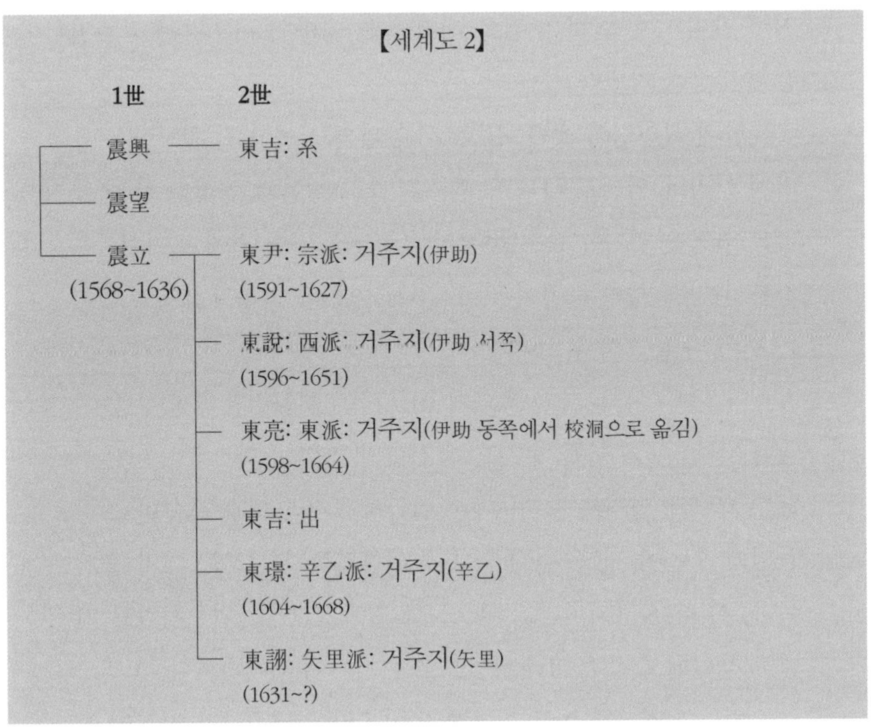

【세계도 2】

1世	2世
震興	東吉: 系
震望	
震立 (1568~1636)	東尹: 宗派: 거주지(伊助) (1591~1627)
	東說: 西派: 거주지(伊助 서쪽) (1596~1651)
	東亮: 東派: 거주지(伊助 동쪽에서 校洞으로 옮김) (1598~1664)
	東吉: 出
	東璟: 辛乙派: 거주지(辛乙) (1604~1668)
	東詡: 矢里派: 거주지(矢里) (1631~?)

최진립의 6남 1녀 중 장남인 최동윤은 한강 정구에게서 학문을 배웠다. 그의 동생들이 인근지역에 정착하여 이들을 비조로 하는 계파가 뚜렷하게 성립되었다. 이러한 변화 속에서 장남 최동윤은 종파의 비조로서 설정되었다. 그는 병약하여 최진립이 경흥부사로 있을 때 부친에 앞서 죽었다. 그리하여 둘째 아들 동열이 맏이 역할을 하며 집을 지켰는데, 서파의 시조격인 최동열은 통덕랑을 지냈다.

한편 최진립의 셋째 아들로서 동파의 시조라 할 최동량은 아버지를 따라 임지로 다니며 시중을 들고 집안과 연락을 하는 등 많은 활동을 했다. 그는 『동경지』「효행 · 음사」편에 보이며 『송정유사松亭遺事』의 문집이 남아 있다. 이른바 최부잣집으로 꼽히는 것이 바로 그의 후손이다.

다섯째 아들로서 신을파의 시조격인 최동경은 통덕랑을 지냈다. 한편 넷째 아들 동길은 최진립의 맏형인 최진흥이 아들이 없어 그에게 양자로 갔다. 다시 언급하겠지만 최제우는 바로 최동길의 후손이 된다. 한편 막내에 해당하는 최동후는 서자 출신이다. 이 파를 사리파라고 부르는데 선략장군충좌위부사과를 지냈고 창원에서 경주 내남 가암으로 이거하여 세거하였다.

종파는 최진립 이후 현재까지 이조리에 거주하고 있으며 종파 거주지역의 서쪽에 자리 잡은 서파도 같은 이조리 내에 동성촌락을 형성하였다. 동파는 이조 동쪽에 자리 잡았다가 8세 둘째 아들인 최기영(1768~?) 대에 다시 교동으로 이주하여 이곳에 동성촌락을 형성하였다. 동파는 경주 최부자로 잘 알려진 가계로서, 교동에서 9대 진사, 10대 최부자로 가세를 자랑하였다. 마지막으로 신을파와 사리파도 각기 신을과 사리를 거점으로 동성촌락을 형성하였다. 현재 사리파는 울산광역시 울주군 두동면 활천리에 거주하고 있다. 비록 각 파들이 분산 · 정착하였다 하더라도 이들의 거주지는 기본적으로 경주지역, 특히 남면에 집중되어 있다.

이것은 한국의 씨족의 역사에서 한양에서 관직을 역임한 인물의 후손들이 전국적인 범위로 분산 · 이주하여 간 조선 중기 이전의 통상적인 패턴과 큰 차이가 있다. 통상적인 씨족은 지방에서 과거나 군공 등으로 고위 관직에 오른 후 한양 일원에 세거하다가 지방으로 이주하는 것이 통상적인 패턴인 것이다. 이른바 '입향' 이라고 하는 것은 여기에서 유래한다.

이와 달리 최진립은 고위 관직에 올랐으나 한양 등 중앙으로 이주하여 정착하지 않고 자신의 출신 지역으로 그대로 돌아왔던 것이다. 이어 그 후손들은 경주 이조를 중심으로 동심원과 같이 확산되었는데, 이 점은 조선 후기의 통상적인 패턴과 일치한다. 이제 이주 거리는 매우 제한된 것이며, 그 결과 이들은 서로의 관계를 언제나 확인할 수 있었고, 이것은 각 파의 가세를 장기간 유지하는 배경이 되었다.

3. 가문의 결속과 유지

이조 최씨 가문이 양동의 손씨, 이씨와 함께 경주 삼대 유력 가문으로서 이 지역에서 명망을 유지한 배경은 임진왜란 당시 이 지역사회에서의 공헌이 중요한 역할을 했다. 또한 이와 함께 과거 합격도 적지 않은 작용을 하였다.

이조 최씨 가문의 문과 및 사마 합격자는 문과 3명, 진사 3명, 생원 9명이었다. 문과는 서파의 최벽과 최두석, 그리고 최진홍에게 양자로 간 넷째 아들 최동길의 후손인 최현필이다. 진사는 동파의 최종율, 최현식, 최현교, 모두 3명이다. 생원은 종파의 최제택, 서파의 최남복, 최계기, 최만선, 동파의 최기영, 최세린, 최세구, 최병수, 최만희 모두 9명이다. 여기에서 보면 동파와 서파의 진출이 두드러진다. 특히 서파의 문과 합격은 씨족 전체의 영예로 취급되어, 각 가계가 지위와 명망을 유지하는 데 도움을 주었을 것이다.

특정 계파 출신의 과거 합격은 출신 계파의 성공에 그치지 않고 이조 최씨 가문 전체의 것으로 받아들여졌다. 비록 관직을 맡은 인물은 거의 없었고 다섯 계파로 분화되었음에도 불구하고 최씨 가문이 이조의 계파를 중심으로 지역사회에서 향반으로서 사회 지위와 명망을 유지하는 데 과거급제는 큰 작용을 했다. 다시 말해서 과거급제는 이조 최씨 가문의 동성촌락 형성 및 조직화를 촉진하였는데 이것은 관직자의 배출이 거의 없어 자칫 관권의 통제에 노출될 수 있는 상황에서 외부로부터의 변동에 보호막이 되었을 것이다.

정무공파의 가계 결속은 정무공 최진립에 대한 공동 제사를 통하여 끊임없이 유지되었는데, 이는 위전位田의 설치로 뒷받침되었다. 다섯 파로 분화하면서도 이들 서로를 묶는 의례를 통하여 각 계파 간의 상호 유대를 도모할 수 있었다. 선조 봉사와 이를 뒷받침하는 위답位畓의 경영과 더불어 각 계파의 안정과 번영도 정무공파 전체의 그것으로 이어졌다. 각 계파 단위의 재물계 결성은 그러한 면에서 중요하다.

1744년에 서파와 신을파는 재물계를 결성하였는데, 이것은 단순한 가계 유지를 위한 재정적 도움을 넘어서서 구성원 모두에게 지역사회와의 관계를 끊임없이 의식하면서 현실적인 대응 자세를 갖도록 주지시켰다. 각 파 단위로 결성한 재물계의 경귀에서 창설자들은 전토를 넓히고 근본을 세워 형제들이 서로 도와주는 것이 목적이지만 이와 더불어 고리대를 하지 말라고 덧붙였다. 이른바 의장을 마련하되 세상 사람들의 원성을 초래해서는 안 된다는 것이다. 이렇듯 지역민과의 조화를 중시한 것은 처음에 기대했던 대로, 이들의 우월한 지위에도 불구하고 지역민들과의 갈등을 피하는 데 크게 기여하였다.

한편 종족계도 결성되는데 이것도 계파의 분립에도 불구하고 종족을 하나의 운명 공동체로 발전시키려는 중요 노력의 산물이었다. 종족계가 결성된 것은 19세기 후반인 1865년이다. 종파, 서파, 동파, 신을파가 참여하였는데 이들은 결성 배경과 목적을 다음과 같이 밝히고 있다.

> 옛날 우리 선조 잠와공(정무공)은 입근하여 당시에는 영원히 사람이 지켜야 할 도덕이 있었다. 그리하여 백 년 동안 덕을 심어 후손에게 그 꾀를 전하였다. 우리 형제는 순서대로 4파로 나뉘었다. 이들은 이조의 동네에 기반을 정하고 일향 안에서 거처를 정하였다. 이것은 옛날부터 말미암은 것이다. 한스럽게도 우리 집안은 가난하고 추운 곳에서 살면서 모이고 흩어지는 데 일정함이 없었다. 어떤 사람은 동으로 가고 어떤 사람

은 서로 혹은 남으로 북으로 가서 상로지절霜露之節과 화수지회花樹之會에 모일 수가 없었다.…… 우리 선조 때부터 그것을 보면 한 몸을 나누어서 고르게 하는 것은 우리 자손이다. 우리가 백세 동안 부조지묘에 올라서는 것은 소위 영묘함에 오르고 내리는 것을 좋아하는 데 있다. 돌아보건대 나는 재주가 뛰어나지 못하고 늙어 언제 죽을지 모른다. 그래서 두세 명의 종군들과 종회를 하여 영구히 사이좋게 지내는 도를 맺은 것이다. 사파의 종친들은 각각 동銅을 구하여 힘을 다하고 정성을 다하여 각각 힘써 일하는 계획을 만들었다. 그것을 이름 지어 사종계라 하였다. 이 계는 위로는 선조들의 한 몸이 나누어진 것을 생각하고 아래로는 영구히 좋은 것을 본보기로 삼는 뜻을 지기는 것이다.(『四宗契案』, 1865)

이 『사종계안四宗契案』은 사리파를 배제하고 있으며 네 파 상호 간의 상호부조도 강조하고 있다. 구체적으로 종가를 구심점으로 떠받들면서 각 파 상호 간의 부조를 통하여 결속을 도모하자는 것이었다. 그리고 이를 위하여 구체적인 지침도 마련하였다. 다음이 그것이다.

ㅇ 사절일의 제사 물품은 거두어들인 것에 따라 올린다.

ㅇ 길제의 비용은 3냥으로 올린다.

- 상제 때에는 5냥으로 부조한다.
- 혼인 때에는 3냥으로 돕는다.
- 사종의 잔치 때에는 3냥으로 돕는다.(『奉先契案』, 「節目」)

종가가 선조를 봉사하는 데 필요한 물품을 마련하여 주는 한편 혼상 때에는 서로 부조하는 것이 골자이다.

한편 선조 봉사에 필요한 경비는 위답을 경영하여 충당하였다. 그리고 이 위답을 마련하고 경영하기 위한 문계도 결성하였는데, 그 운영 실태는 현존하는 고문서를 통해 잘 알 수 있다.

이렇듯 문계답을 경영하는 한편 가계 구성원들이 일상에서 준수해야 하는 실천 규범도 마련하였다. 동파인 최동량이 후손들이 준수해야 하는 것을 골자로 만든 「가거십훈家居十訓」이 그것이다. 그 내용은 인륜·효·충·부부의 도, 형제의 도, 붕우의 도를 다할 것, 여색을 가까이하지 말 것, 주도酒道를 익힐 것, 농사의 중요성을 인식할 것, 학문에 힘쓸 것이다. 이것은 선조 봉사를 위한 의무를 통하여 종가 중심의 결속을 도모하는 한편, 남계 종족원들의 일상생활을 친족 중심의 윤리를 통하여 조직화하며 일탈을 상호 규제하도록 짜여 있다.

한편 최진립의 후손들이 가계 분화에도 불구하고 상호 결속을 도모하는 데 문중 서원도 중요하였다. 중시조 최진립이 제향된 용산서원의 건립과 경영 과정은 이것을 잘 드러낸다. 서원 설

원납명문(한국학중앙연구원 소장)

립을 전후로 이조 최씨 가문은 이조의 동안洞案 조직과 남면의 약안約案 조직을 결성하여 이것을 주도하고 있었고, 용산서원의 설립에서 이것은 중요한 역할을 하였다. 서원 건립과 더불어 원임 중심의 새로운 조직을 하나 더 추가하였는데 서원의 성격상 대외적으로 보다 더 큰 권위를 과시할 수 있게 된 셈이다. 이 운영에 종파 외의 다른 가계 구성원의 참여도 보장되었으므로 이들이 서원의 유지 및 중수 등에 많은 관심을 갖고 적극 참여했던 것도 이와 연관이 있을 것이다.

서원의 설립부터 운영에 이르는 과정은 이들 각 파가 자신의 계파를 초월하여 종족의 유지와 결속에 끊임없이 관심을 보여 주었음을 알려 준다. 특히 경주 교동의 최부잣집으로 알려져 있는 동파는 종파와 비교할 수 없을 만큼 재부와 명망을 갖고 있음에도 불구하고 종족의 구심점인 종파의 권위를 인정하고 이를 유지

용산서원

하는 데 노력을 기울였음을 보여 준다. 현실적으로 동파는 네 계파 가운데 용산서원에 가장 많이 부조하였다. 중시조가 배향된 용산서원의 제례는 각 계파의 책무를 재확인하고 강화하도록 하는 장이었다. 서원에 각 파가 토지를 기부하고 이를 현금으로 바꾸어 조상의 사당을 세우고 보수하는 등의 활동을 통해 종족 전체 속에서 자신들의 계파의 위상을 자리매김하는 과정이 반복되었던 것이다.

경주부 관아와 지역 사림들의 도움도 있었으나 서원의 경제 기반 확보에 큰 도움을 준 것은 기본적으로 최씨 일문이다. 이러한 점에서 용산서원은 조선 후기 문중서원의 전형으로 보아도 좋다. 구체적으로 1711년에 경주최씨 문중에서 노비(奴 7명, 婢 5명)와 토지(畓 92負 30束, 田 125負 96束)를 헌납하였으며, 후에 후손 최경두(1713~1785)가 선친 최선기의 뜻에 따라 전토를 헌납하였다. 1788년에는 이조 최씨 가문의 종파, 동파, 서파의 후손들이 토지를 내어 의장답을 마련하여 답畓 4결結 2부負 68경庚(190斗落只)을 헌납하였다. 토지가 서원의 지속적인 경영에 가장 안정적인 기반이 되었다는 점에서 종족 구성원의 기부는 의미가 크다.

통혼권도 이조를 중심으로 한 최씨 종족들이 사회 지위를 보장받는 데 중요했다. 경주최씨 종족 통혼권의 중요 대상은 경주에서 가장 명망 있는 양동 이씨와 손씨였다. 종파의 경우 이조 최씨 가문이 동성촌락을 형성하면서 이조리의 중심으로 부상하기 시작한 1600년 중반 이후부터 양동 이씨 및 손씨와의 통혼이 빈번해졌음이 확인된다.

4. 경주최씨 가문과 내남면 사족들의 조직

내남면 사족들은 여러 조직을 결성하였다. 이를 통해 경주최씨 가문이 경주 내남면 이조리에 입향하여 정착해 가는 데 지역사회 내부에서 상호 관계를 돈독하게 하는 것이 갖는 중요성을 잘 알 수 있다. 다시 말해서 경주최씨 가문이 남면지역의 사족들과 연대하면서 그 주변 양반들과 교류하여 가는 양상은 종가가 형성 유지되는 모습과 병행하고 있는 것이다.

남면지역의 재지사족들은 용산서원의 설립에 앞서 『동안』, 『남면약안』을 작성하는 등 동 단위 또는 이보다 넓은 면 단위의 조직을 만들었다. 이와 함께 『향안』, 『향음계안』을 통하여 보다 넓은 지역사회 사족 간의 교류를 조직화하였다. 최씨 일문은 이

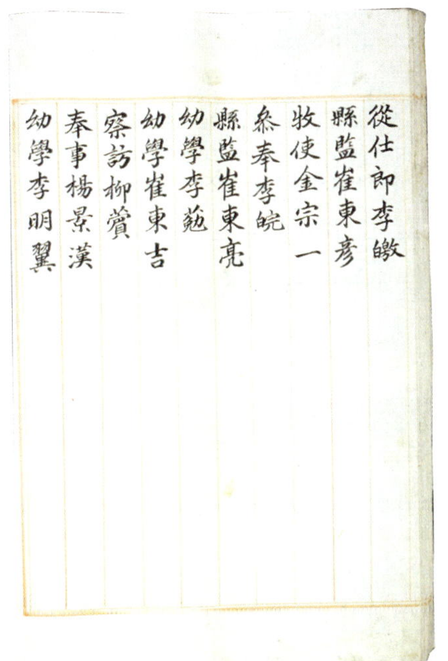
從仕郎李暾
縣監崔東彥
牧使金宗一
參奉李皖
縣監崔東亮
幼學李葂
幼學崔東吉
察訪柳贇
奉事楊景漢
幼學李明翼

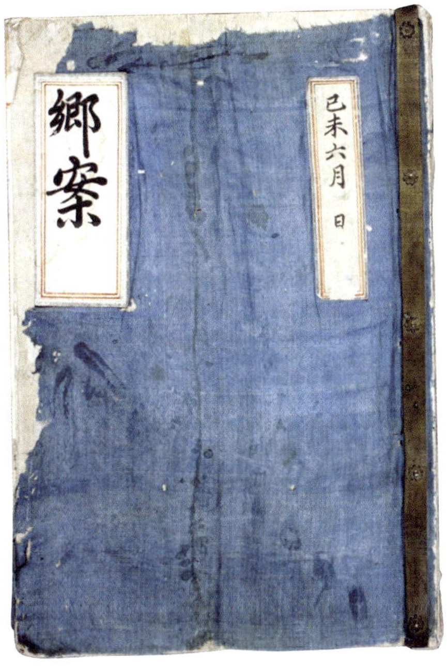

『향안』 1679년(숙종 5)(한국학중앙연구원 소장)

조직을 만들고 주도한 가문 중 하나였다.

이조의 최씨가 중심이 되어 17세기 중엽 『이조동안』을 작성하였는데, 이 동안은 사족 중심의 동계라고 할 수 있다. 이 동안을 작성하면서 '마을의 풍속이 혼탁해지므로, 선대의 유풍을 본받아 마을의 풍속을 복구하자' 는 명분을 내세웠다. 지연 · 혈연 · 척연 등으로 얽혀 있는 이조의 사족들은 그 관계를 바탕으로 여씨향약을 실천에 옮기려 한 것이다. 설립 초기인 1658년에 그 운영 실무자를 모두 최씨 집안에서 맡고 있다.

이조리에서 이조 최씨 가문이 주류를 이룬 사실로 동제를 들 수 있다. 동제는 촌락의 공동 조직의 기반이며 동시에 촌락의 사회적 관계의 표현이기도 하였다. 매년 정월 보름 새벽에 제사를 지내는 이조리 동제는 마을의 안녕과 농사의 풍요를 기원한다. 이것은 이조리에 있는 당나무에서 행해지는데, 이 나무는 정무공이 식수한 것이다. 주관도 이조최씨 문중에서 할 뿐만 아니라 제수 및 유사도 최씨 문중에서 선임하고 마련한다. 이 동제는 현재까지도 계속되고 있다. 이 동제는 최씨 일문과 지역 촌락민의 공동 주관 아래, 사족들이 동 단위로 상하민을 단결시키고 그들의 지배력을 공고하게 한 행사였다고 여겨진다.

이와 함께 남면의 사족들은 동 단위보다 넓은 면 단위 조직체를 만들어 사족들의 결속을 도모하였다. 남면면계가 그것인데, 이것은 동계 결성 전에 이미 만들어진 것으로 추측된다. 『약안록』에 최진립의 성명이 적혀 있는 것으로 보아 이조 최씨 가문이 이거해 오기 이전부터 존재해 오고 있었던 것으로 여겨진다.

남면에는 경주최씨 외에도 경주이씨, 경주김씨가 살고 있었다. 경주이씨는 내남면 망성리에서 동성부락을 이루며 세거하였다. 한편 경주김씨는 내남면에 많은 수가 거주하였다. 이들 성씨들이 남면면계를 주도하였다. 남면약안에 등재된 성씨별 분포를 통해서 남면에 거주한 성씨들과 이를 주도한 성씨를 알 수 있는데, 이는 다음의 【표 1】에서 잘 나타난다.

【표 1】『南面約案』 約員錄의 姓氏別 分布

年度/姓氏/人員數	金	李	崔	柳	朴	尹	黃	楊	申	蔣	全	孫	鄭	計
1664년 9월	22	24	12	4	2	2	2	1	2	1				73
1673년 4월	14	24	16	3	1	1	2	3	4	2	1			71
1676년	15	29	18	5	1		3	2	2	2	2	2	2	83
1681년 11월	16	26	18	3	1	1	3	4	2		2	3	2	81
1695년 1월	14	23	16	6		2	6	1	2		2	4	1	77
1685년 7월	15	24	23	6		2	6	1	2		2	6	2	85
1700년	22	18	19	6		1	7		4		2	8	1	88

앞의 동계에서도 살펴보았듯이, 남면면계 역시 17세기 후반 이후 이조 최씨 가문의 주도적 위치를 드러낸다. 약안 조직의 구성 씨족들은 통혼권도 형성하였다. 약원이 많이 등재된 경주이씨와 경주김씨는 이조 최씨 가문과 통혼권을 형성하였으며, 평해황씨의 경우 최진립의 외가가 되었다.

남면의 도약소는 1650년에 최진립의 비와 사우 건립을 발의하였고, 용산서원 설립 전인 1695년에 이미 섭평에 최진립의 사당을 세운 주체이기도 했다. 나아가 남면의 사족들은 남면약안의 조직을 기반으로 남면의 토지, 부세 문제 등 자신들의 이해에 직결되는 문제에 공동으로 대처하여 나갔다.

19세기에 오면 광제원(경주시 용강동 광준마을로 현재의 행정단위는 용황동) 이남의 사족들이 향음계를 결성하여 사족 교류 체제를 발전시키는 모습을 볼 수 있다. 향음계안은 1870년(고종 7) 용산서원 철폐 이후에도 계속 존재한다. 그 지역은 남면 조직이 토대로 한 범위와 그대로 일치하였다. 이는 면 조직이 새로운 형태의 조직으로 이행·계승되었던 것이다.

향음계안에는 스물세 개의 성씨가 입록되어 있는데, 여기에도 이조 최씨 가문은 101명이라는 가장 많은 수가 입록되어 있는 것으로 보아 주도적인 역할을 수행했던 사실에는 변함없음을 알 수 있다. 이상에서 살핀 조직체계를 시기별로 정리하면 【표 2】와 같다.

이렇듯 이조 최씨 가문은 이조를 중심으로 한 동안을 조직하고 남면약안에도 참여하는 한편 향안 조직에도 참여하는 등 다수의 동심원들을 겹겹이 확장하는 방식으로 자신들의 지위를 보장받는 다양한 제도적 장치를 마련하였다. 그리하여 19세기 전기에는 남면지역을 단위로 새로 향음계안을 조직하여 면약조직을 교류 중심의 사족 체제로 계승·발전시킴으로써 이 지역에서 입지를 굳혀 나갔다.

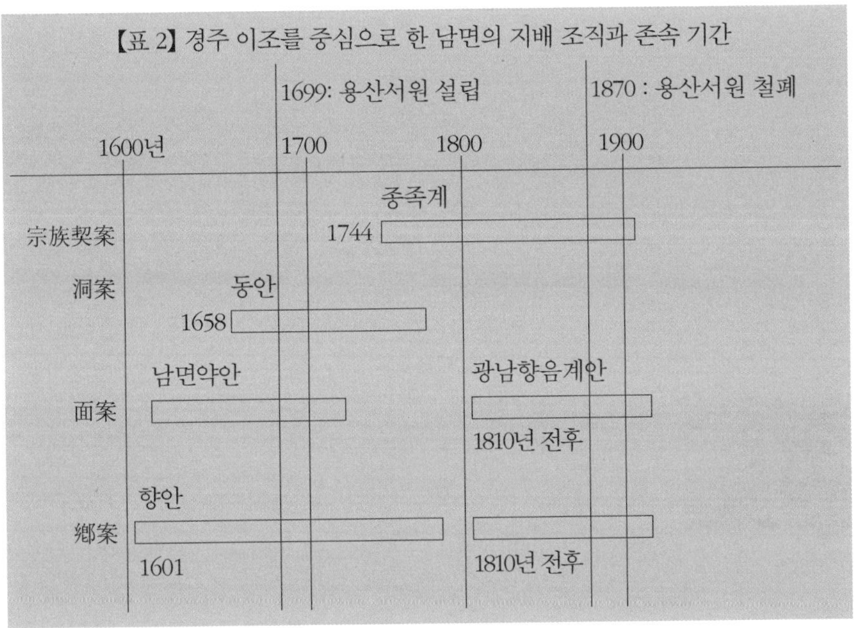

【표 2】 경주 이조를 중심으로 한 남면의 지배 조직과 존속 기간

경주지역의 양반사회는 점차 북쪽은 양동마을을 근거로 세력을 확대해 나간 여강이씨와 월성손씨가 주도해 나갔으며, 남쪽은 경주최씨 가문을 중심으로 사족 질서가 재편되었던 것이다.

제2장 종가의 역사

1. 충과 의의 삶을 산 잠와

최진립(1568~1636)은 자가 사건士建, 호가 잠와潛窩이다. 불천위 잠와는 최신보의 네 아들 중 셋째로 1568년(선조 원년)에 경주부의 북쪽 현곡 구미동(현 경북 월성군 현곡면 하구리)에서 태어났으나 어린 시절부터 외가가 있는 내남면 이조리에서 성장하였다. 잠와의 아버지인 최신보가 그의 처가(장인은 참봉 황임종이었다)로 이주해 살았기 때문이다. 최진립은 세 살 때 어머니 황씨부인이 죽자 서모 강씨의 손에서 자랐다. 그래서 그는 항상 서모를 친어머니와 다름없이 대하였고 서모가 죽자 기른 은공을 갚으려 했다고 한다. 그리고 이를 위하여 당시 예학의 대가였던 정구에게 문의하여 기년복을 정하여 상복을 입고 신주를 만들어 제사를 지냈다고 한다.

최진립은 8세부터 13세까지 종숙부 진사 최신린에게 공부를 배웠다. 어린 최진립이 글 뜻을 잘 알고 이해하자 최신린은 그의 그릇과 국량을 중히 여겼다. 그가 학문을 좋아하고 부지런하자 종숙부는 기뻐하며 "뜻이 있는 자는 마침내 일이 이루어진다. 너는 힘쓸지어다"라고 하며 격려하였다. 그는 어려서부터 예의 법도가 있었다고 한다. 1577년 그의 나이 열 살 때 아버지가 돌아가시자 장례와 제례를 모두 예문禮文에 따라 하여 처음부터 끝까지 게을리하지 않아 이웃과 마을에서 감탄하였다는 것이다.

최진립이 25세 때인 1592년에 임진왜란이 일어났다. 그해 4월 부산포에 상륙한 가토 기요마사(加藤淸正)의 2만여 왜군이 경주를 향해 올라왔다. 이 이야기가 전해지자 글공부만 하던 최신립은 주저하지 않고 부윤 윤임함을 찾아가 의병을 모아 관군과 함께 왜적을 물리치겠다고 하였다. 그리고 곧 재종숙 봉천, 동생 계종과 함께 집안 종복들과 마을 장정들을 모아 의병을 일으켜 싸울 준비를 했다. 이때 경주부판관 박의장과 장기현감 이수일이 동서로 군사를 나누어 경주성에 들어가 싸울 준비를 하였다. 이 소식을 듣고 최진립은 동생인 계종과 함께 모집한 의병을 인솔하여 성으로 들어가 힘껏 싸웠다. 그러나 4월 21일 경주성을 왜병에게 내주고 말았다.

성에서 나온 최진립은 부윤을 찾아가 "내가 사는 마을은 언

정무공 최진립 장군상

양으로 가는 길목에 있으며 선고가 지은 40여 칸의 집이 있는데 적이 그 안에 주둔하고 있으면서 주변 마을을 약탈합니다. 제가 마을의 장정들과 이를 공격하겠습니다"라고 하였다. 최진립의 집이 있는 경주군 내남면 이조리는 울주 방면에서 경주로 들어오는 길목에 있었다. 병서를 읽은 최진립은 싸움에 임하는 요령을 어느 정도 알고 있었다. 그리하여 5월 27일 왜병을 몰살하는 전과를 올렸다. 6월 2일에는 언양에서 침입하는 왜병을 격파하였고, 7월 27일에는 영천성 복성전에서 왜병을 무찌르는 큰 전과를 올렸다. 이때 노획한 조총과 칼 및 여러 물품은 관에 바쳤다.

이에 경주부윤이 탄복했고 이 소문을 듣고 왜병이 무서워 도망쳤던 장정들이 줄지어 뛰어나와 함께 싸우겠다고 찾아왔다. 경주부의 전 참사 김호가 이 보고를 듣고 "최진립은 일개 서생인데 이런 승리를 거두었으니 무인인 우리는 부끄러울 뿐이오"라고 하고 최진립과 군사 일을 의논했다. 이때부터 최진립은 김호와 힘을 합쳐 수천여 명의 의병을 모집하여 경주와 언양의 경계에 매복하고 그곳을 지나는 왜병을 여러 차례 공격하여 죽이고 사로잡았다.

최진립은 27세가 되던 1594년(선조 27) 봄에 무과에 합격했다. 그는 어려서부터 글만을 배운 선비로서 무에 대해서는 배우지 않았다. 그런 그가 무과에 응시한 것이다. 그는 곧 오위도총부 부장(종6품)에 임명되었으나 나아가지 않았다. 그러나 그는 1594

년 8월 의병으로 싸운 군공이 인정되어 군자감부정(종3품)에 임명되었다. 하지만 몇 차례에 걸친 전투에서 얻은 병으로 물러났다.

3년 후인 1597년(선조 30)에 다시 왜군이 침입하자 최진립은 수백 명의 군사를 이끌고 서생포로 가서 미리 만들어 둔 토굴로 적을 유인하여 무찌르는 등 많은 전투에 종군했다. 그해 11월 서생포와 도산성 공략 때의 전공을 높이 사서 진위장군 훈련원정에 제수되었다. 1598년 곧이어 정유재란의 전공으로 원종이등 선무공신이 되었고 12월에는 어모장군(정3품)에 승차하였다.

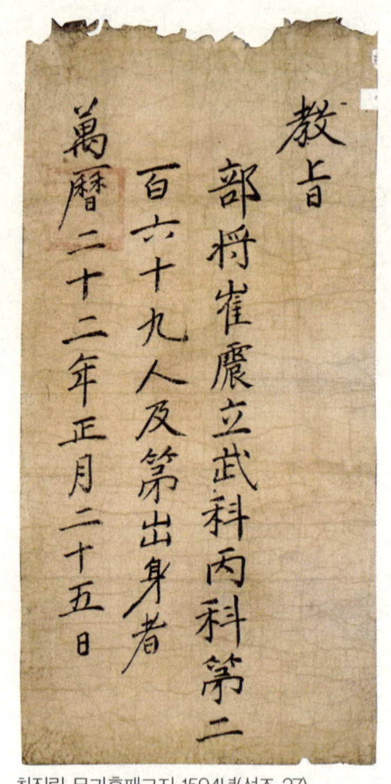
教旨
部將崔震立武科丙科第二
百六十九人及第出身者
萬曆二十二年正月二十五日

최진립 무과홍패교지 1594년(선조 27)
(한국학중앙연구원 소장)

1600년 2월 여도(전라도 고흥군에 속한 섬) 만호에 제수되었으나 부임하지 않았다. 그러나 이해 가을에 선조가 어사 윤휘를 보내 왜란 때 울산의 영생포와 도산성에서 용감하게 싸운 경주의 의병 장사들을 위로하자 여러 장사들을 인솔하고 대궐에 나아가 배례하였다. 이때 장사들은 최진립이 의병을 모집하여 적을 토벌한 상황을 소장에 상세히 써서 올렸으므로 선조가 특별히 최진립을 불러들여 당시의 상황을 물었다. 이에 최진립은 중요한 사항은 요령 있게 말하면서도 자신의 공적은 겸손하게 사양하며 자랑하지 않으므로 임금이 이를 가상히 여겨 술과 함께 활과 화살을 내려 주고 벼슬에 임명하게 하였다.

1601년 1월 그는 무신 겸 선전관에 임명되었으나 부임하지 않았다. 이때 최진립은 벼슬을 사양하고 시골에서 조용히 일생을 보내고 싶어했다. 그가 사는 집 문밖에는 냇물이 모여 만들어진 연못이 있었는데 그 위에 바위 언덕이 평탄하여 돈대가 되었다. 최진립은 그 경치를 사랑하여 즐기면서 스스로 일상의 취미로 삼았다.

1607년 12월 오위도총부도사에 임명되어 비로소 관직에 나갔다. 1608년 4월 마량진(지금의 충남 보령군)수군첨질제사(종3품)에 임명되었다. 처음으로 한 지역의 수군과 지역 백성들을 책임지는 자리에 부임했다. 그는 취임한 뒤 추호도 공사의 업무를 게을리하지 않을 뿐 아니라, 그곳에 와 있는 두 아들은 추운 겨울에도 칡으로 엮은 짚신을 신고 다닐 정도로 청렴했다. 사람들이 모두 "옛적에도 일찍이 이러한 일은 있지 않았다"라고 하였다. 그리고 그 자신도 침소에 딱딱한 나무판자를 깔고 잠을 자면서 만류하는 사람들에게 "지금 변방 국경이 편안하지 않은데, 평상시에 너무 편안하고 따스하게 지내면 한데서 거처하게 될 때 병이 나기 쉬우므로 그때를 대비해서 노고를 몸소 익히기 위함이다"라고 대답했다.

최진립은 벼슬에 있으면서 오로지 병든 백성을 어루만지고 쓰다듬는 것을 먼저 힘써야 할 일로 삼았고, 재정을 절약하여 성과 둘레의 못을 수축하고 기계와 장비를 고쳤다. 이때 못을 수리하고 보를 쌓는 기술을 익힌 것이 훗날 농업을 일으키는 데도 크게 보탬이 되었다. 그는 벼슬자리는 일신의 영달과 안락을 위해 있는 것이 아니라 몸이 괴롭더라도 나라를 위해서 참고 봉사하는 자리라고 항상 생각하고 또 그렇게 말했다. 부하 군사들과 마량진 관할 백성들이 지금껏 이런 훌륭한 절제사는 본 일이 없다고 탄복했다는 기록이 전하고 있다.

1610년(광해군 2) 11월 관찰사 정엽이 마량진에서의 모든 행적과 공적을 검열하여 장계를 올림으로써 그의 공적이 드러났다. 정엽은 비인현감 박유충에게 다시 자세히 더 살펴보라고 지시하였다. 박유충은 마량진에서의 행적을 꼼꼼히 살펴본 뒤 최진립의 덕에 감복하고 그의 공적을 장하게 여겨 「안문기按問記」를 지어 찬미하였다. "청백리를 두고 참된 청백리, 억지 청백리, 가짜 청백리라는 말이 있습니다. 세상의 청백리라는 자들은 대개 억지와 가짜인데 이번에 제가 직접 살펴보니 최진립 공이야말로 참되고 또 참된 청백리입니다"라고 글을 맺었다. 이 「안문기」의 내용은 형식을 갖추어 관찰사에게 보고되었고, 관찰사는 이 사실을 조정에 보고하였다.

최진립은 1611년에 경상좌도수군우후(각 도에 둔 병마절도사와 수군절도사를 보조하는 일을 맡아보던 무관 벼슬)에 임명되었다. 인사 성적이 마량진에서보다 우월하여 관찰사 윤방이 장계로 표창하였다. 그리고 뒤에 부임한 감사 송영구 또한 장계로 표창하며 청백하고 부지런하고 알뜰하여 나랏일에 성의를 다한다는 등의 말을 하였다.

1612년 명나라 장군 지휘사 황응양이 와서 부산의 적을 정탐하면서 최진립을 보고 예로써 대우하였다. 이때 최진립은 우후로서 부산의 별장을 겸하고 있었다. 황응양은 최진립이 청백한 지조가 있음을 익히 들었고 또 그가 농업을 장려하고 무예를 훈련하며 군량을 쌓고 무기를 준비하는 것이 다른 진과 다름을 보고 예로 대하고 크게 칭찬하였다. 최진립이 임기가 다 되어 돌아오자 관찰사 권반은 장계로써 표창하였다. 최진립은 권반, 윤방, 이시언, 이시발과는 본래 서로 사이가 좋았다. 그래서 일에 따라 경계하고 풍간하니 권반 등은 더욱 믿고 소중히 여겨, 조정 동료들 사이에서 최진립은 정직하고 엄결하기가 당대 제일이라고 일컬어졌다.

1614년 12월 함경도 경원도호부사에 임명되었고 이듬해 1월에 통정대부에 올랐다. 그는 3월에 임지에 도착했다. 도착해 보니 그 일대의 국경을 통하는 관문의 관리가 엄하지 않았고, 변방 요새 주변에 놀라운 일이 자주 벌어지고 있었다. 그는 부임한 후 국경 안과 밖의 여진족을 엄하게 단속하여 시장을 열 때 이외에는 무역을 못하게 질서를 잡아 백성들의 생업을 안정되게 하였다.

1616년(광해군 8) 경원부사의 임기가 되어 돌아올 때, 여진족 주민들이 그들이 입는 담비가죽으로 된 옷을 바치며 추위를 막으라고 하였으나 그는 고맙다는 인사만 하고 받지 않았다. 또한 북변사인 김경서가 그가 입고 있는 외투가 부실한 것을 보고 담비가죽으로 만든 새 외투를 선물했다. 그러나 이것도 역시 받았다가 주막에서 이별주를 마시고 나올 때 몸이 덥다는 핑계로 주막 기둥에 걸어 놓고 떠나왔다. 그의 이 같은 청렴과 결백은 오래도록 경원부 백성들의 가슴에 감동으로 남아 있었다고 한다.

최진립은 1621년 7월 고사리첨절제사에 임명되어 무사 200여 명을 거느리고 양책관에 진을 치고 있었다. 그런데 그해 겨울에 최진립은 울산으로 귀양을 갔다. 당시 명나라 장수 모문룡이 후금의 군사에게 쫓기자 그 병졸들이 흩어져 최진립의 군사 틈에 끼어 공격을 피하는 자가 많았다. 후금의 군사가 양책관에 이르러 많은 병졸을 죽이고 돌아갔는데 모문룡의 접반사 이형원이 최진립이 급보할 시기를 늦추었다고 조정에 보고하여 잡혀가게 되었다. 최진립은 문초를 받을 때 사실대로 대답하여 죄가 감면되어 울산에 유배되었다.

1623년 인조반정 후에 최진립은 석방되었고, 이때 최명길은 편지로써 위문하였다. 3월에 용양위부호군에 임명되었고 12월에 가덕진수군첨절제사에 임명되었다. 1626년 겨울에 다시 경흥도호부사에 임명되었다. 이때 맏아들의 상을 당했으나 노비를 시켜 수천 리 길을 달려 슬픈 감회를 전하는 조문만을 보냈다.

1629년 최진립은 가선대부에 올랐고, 1630년 4월 전라우수사에 임명되었으며 이어 특지로 경기수사에 임명되었다가 7월에 다시 공조참판에 임명되었다. 그가 무인으로서 몸가짐이 청렴하고 부지런하고 간소하고 검약하다고 하여 공조참판에 임명한 것이었다. 1630년 9월에 최진립은 오위도총부부총관을 겸하게 되었다. 그는 본직과 겸직을 사퇴하고자 하였고, 4개월이 지나서야 비로소 허락을 받았다. 그해 10월에 고향으로 돌아와 성묘를 하였다.

그러나 그는 12월에 경기수군절도사 겸 교동도호부사에 임명되었다. 1632년 임기가 다 되어 고향으로 돌아가려고 하자 인조는 특명으로 직임에 그대로 머무르게 하였다. 1633년 1월 경기수군절도사로서 경기 · 공청 · 황해의 삼도수군통어사를 겸하였다. 1633년 6월에 가선대부 행 용양위부호군에 임명되었고, 7월에 오위도총부부총관을 겸하였다. 이어 9월에 덕원도호부사에 임명되었으나 부임하지 않았다. 또 10월에 용양위부호군에 임명되었으나 분황하는 일로써 휴가를 청하여 고향으로 돌아왔다. 최진립은 평소 봉급이 부모 봉양에 미치지 못하는 것이 통한이 되어 성찬이나 화복을 대하면 문득 느끼고 슬퍼하여 스스로 말하지 못하였다고 한다.

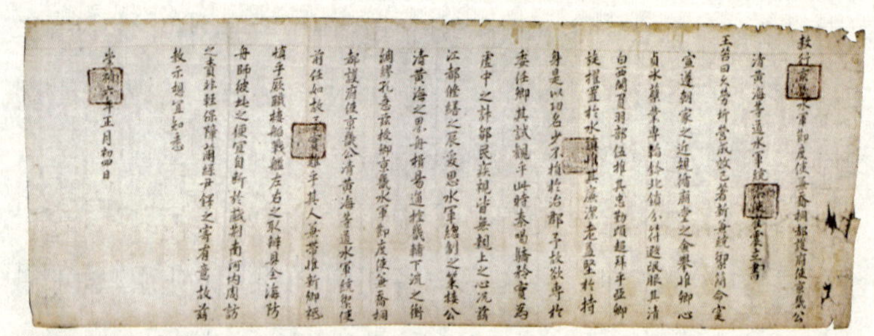

최진립 교서 1633년(인조 11)(한국학중앙연구원 소장)

1634년 1월에 의흥위부사직에 임명되었고 4월에 의흥위부사정에 임명되었다. 이어 전라우도수군절도사에 임명되어 국왕이 인견하여 위로하고 유시하였다. 1635년 봄에 관찰사 원두표는 최진립이 선박과 무기를 정밀하게 수선하였음을 검열하고 장계를 올려 표창하였다.

1636년 12월에 청나라 군사가 침략하여 인조의 행차가 남한산성으로 들어가 포위되었다. 이때 최진립은 공주영장이었다. 감사 정세규가 군사를 거느리고 근왕勤王하면서 최진립의 나이가 많은 것을 민망히 여겨 황박으로 대신하게 하고 최진립에게 타일러 뒤에 처지게 하였다. 최진립은 강개하여 말하기를 “내가 늙어서 장수의 일을 감당할 수 없지만 능히 갈 수는 있소”라고 하였다. 또 “근력은 비록 쇠하였으나 뜻은 가죽에 싸여짐이 있다”라고 하고, 드디어 눈물을 뿌리면서 좇아가니 좌우의 사람들이 감동하였다.

최진립이 용인 험천에 이르렀을 때 청군이 철기로써 핍박하여 패전하였다. 최진립은 꼿꼿하게 서서 움직이지 않고 활을 쏘니 빗나가는 것이 없었다. 화살이 다하자 따르는 사람들을 돌아보며 말하기를 "너희들은 반드시 나를 따를 것이 없다. 나는 여기서 한 치도 떠나지 않고 죽을 것이니, 너희들은 이 자리를 표시하여 두라. 내 죽을 자리를 얻었도다"라고 하고 죽었다. 이때가 1636년 12월 27일이었고 그의 나이 예순아홉이었다.

최진립이 험천으로 달려갈 때 거느리고 있는 두 종에게 이르기를 "나는 마땅히 전장에서 죽을 것이니 너희들 중에 나를 좇을 이는 모름지기 이 옷을 입을지어다"라고 하고 옷을 벗어던지니 종 기별이 울면서 입고 이르기를, "상전께서 충신이 되는데 종은 홀로 충노가 되지 못하겠습니까"라고 하고 드디어 진중에 같이 죽었다.

청군은 전쟁 중에 시체를 불태웠는데, 난이 평정된 후 2월에 여러 아들이 전장에 가서 아버지의 시체를 찾으니, 다행히도 누가 의롭게 여겨 풀로 덮어 두었다. 최진립의 시신은 수십 군데 창을 맞았고 화살촉이 온몸에 꽂혀 고슴도치와 같았으나 얼굴은 살아 있는 모습이었다고 한다. 아들들이 시신을 모시고 고향으로 돌아왔다. 관에서 장사 지낼 경비를 지급하여 12월 12일에 언양현 동쪽 오지연 묘향의 산에 장사하였다.

정무공 묘역

최진립은 1637년 5월에 자헌대부병조판서 겸 지의금부사에 증직되었다. 이후 1647년 8월에 그는 청백리에 녹선되었고 1651년(효종 2) 6월 정무라는 시호가 내려졌다. '청백하게 절개를 지킴을 정貞이라 하고, 적을 억누르고 모욕을 막음을 무武라고 이른다'라고 하였으니 '정무' 두 글자가 최진립의 살아온 삶을 집약한다고 할 수 있다.

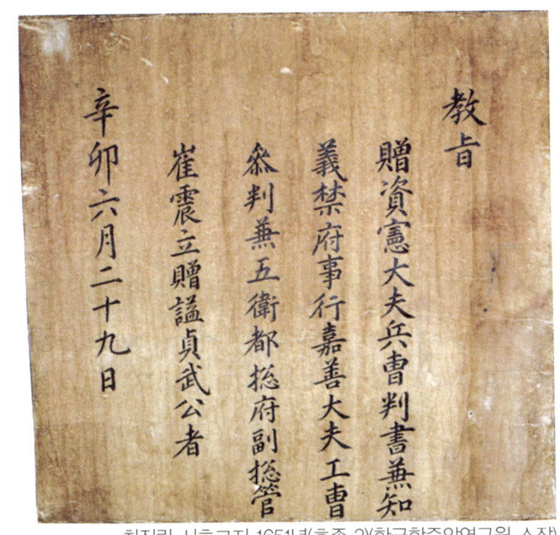
教旨
贈資憲大夫兵曹判書兼知
義禁府事行嘉善大夫工曹
參判兼五衛都摠府副摠管
崔震立贈謚貞武公者
辛卯六月二十九日

최진립 시호교지 1651년(효종 2)(한국학중앙연구원 소장)

조선 후기 저명한 학자인 이익李瀷은 최진립의 순국에 대해 아래와 같이 평하였다.

> 근세에 계림의 최대부 정무공 선생은 하늘이 심어 준 것이 지극히 바르며 시대의 실천한 것이 지극히 어려웠고, 공의 세워진 바가 또한 지극히 굳세고 지극히 커서, 무릇 국가의 전후 화란에 반드시 칼을 잡고 달려갔으되 죽지 않으매 뜻을 가다듬

기를 더욱 맵게 하였더니, 험천의 싸움에 이르러서는 풍운이 캄캄하고 참혹하며 귀신이 놀라며 부르짖는데, 그런데 공은 마침내 화살과 칼날 아래에서 죽었으매 성주聖主께서 들으시고 "내 신하를 두었도다"라고 이르시었고, 조정 신하는 모두 아뢰어 "나라에 사람이 있었다"라고 일컬었고, 아래로 장사꾼과 어리석은 지아비에 이르기까지 "훌륭한 분이 돌아가셨다"라고 이르지 않는 이가 없었다.

이익은 최진립이 지극히 바른 하늘의 정기를 받고 태어나 시대의 소명에 따라 나라를 위해 순국하여, 위로는 국왕으로부터 아래로는 서민에 이르기까지 잊지 않고 모두 말하고 있다고 칭송했다. 이러한 최진립의 순국정신은 구술을 통해 전승되고 또 역사서와 금석에 새겨져 드러내고 있다.

또한 조선 말기의 학자인 최익현도 최진립의 충절을 언급한 바 있다. "정무선생의 위충危忠과 대절大節은 천지에 우뚝하고 일월처럼 밝아 더할 수 없다"라고 기리면서, "후세 사람의 처지에서는 마땅히 그 마음을 스승 삼고 그 도를 높여야 한다"라고 하였다.

최진립은 평소 나랏일에 대한 말을 할 때면 눈물을 흘렸다고 한다. 그는 순국을 통해 위로는 나라에 은혜를 갚고 아래로는 온 세상에 교화를 세웠다. 그의 청백함은 일세의 모범이었고 충의는 백일白日을 꿰뚫어 역사에 그 빛을 발하였다. 그의 청풍같이 맑고 큰 절개를 사람들이 들으면 탐오한 자가 청렴하게 되고 나약한 자가 뜻을 세울 수 있었다.

최진립은 성심으로 나라를 근심하는 것이 한결같아 화려한 옷을 몸에 걸친 적이 없었다. 처자가 굶주림과 추위를 면치 못해도 조금도 뜻에 두지 않았으며, 여러 고을에서 관가 일에만 밤낮을 다하며 일하는 것을 싫어하지 않았다.

한편 최진립은 주자학을 깊이 공부하였고 주자학의 보급에도 앞장섰다. 그는 호남 우수사로 있을 때 자신이 소장하고 있던 『주자대전』을 조사祖師에게 주어 간행하게 할 정도로 주자학의 보급에 힘썼다. 최진립은 주자학에 깊은 식견을 지니고 있으면서 무인으로서의 의리를 중시했다. 그가 『춘추호씨전』을 즐겨 읽었다고 한 사실에서 그의 의리 정신이 『춘추호씨전』에 힘입었음을 상상할 수 있다.

또한 최진립은 제례와 혼례에 대해 자신만의 해석을 시도하였다. 먼저 그는 경주최씨 문중의 묘제 절차를 정하여 시행하게 하였다. 1631년 10월에 아우인 현감 최계종에게 편지를 보내어 선조 사성공 묘제의 절차를 의논하여 정한 사실이 확인된다. 이때 최계종이 사성공의 묘표를 전천동에서 얻어 봉분을 개토하고 제사를 지내니, 최진립이 이를 듣고 편지를 보내어 묘제의 품식과 절차를 의논하여 정했다. 아울러 놋촛대, 향합, 향로 및 문서함을 구비하게 하였다. 17세기 전반에 경주최씨 문중 조직의 형성은 이러한 체계적인 제례와 깊이 연관된다.

최진립은 1633년 『가례』·『상례비요』를 베껴 써서 예의 행용에 편리하게 하였다. 당시 조선에서 『상례비요』가 간행되자 최진립은 이를 구해 보고 "비록 주희의 『가례』가 있으나 이 책이 없어서는 안 되겠다"라고 말하였다. 그리하여 『가례』와 『상례비요』를 깨끗하게 베껴 써서 열람에 편리하게 하였다. 이를 통해 최진립은 『가례』와 정구의 예설, 그리고 『상례비요』에 의거하여 예를 실천한 학자였다고 할 수 있다.

한편 최진립은 서북지역의 지방관으로 나가서 유교 의례를 크게 진흥시키기도 하였다. 그는 1615년(광해군 7) 8월에 경원향교에서 석전제를 행하였다. 당시 육진의 여러 고을에 향교가 피폐하였는데 그는 앞장서서 이를 수리하게 하고 달마다 초하루와 보름에는 성묘聖廟에 친히 배알하였다. 또 당시 북방의 습속이 석채례 때 남은 고기는 관청에서 다 소비하였는데, 최진립은 이 습속을 고쳐 유생에게 음복례를 행하게 하고 귀양 온 인사와 그 고을의 늙은 어른들에게 고기를 보내어 새로운 예를 만들어 나갔다. 최진립은 주자학과 예학 이론에 바탕을 두고 자신에게 주어진 공직을 언제나 훌륭하게 수행한 학자적 무관이었다고 할 수 있다.

최진립은 자식들에게 다음과 같은 유훈遺訓을 남겼다.

바라건대 너희들은 무릇 내가 전하는 바를 어기지 말고 시행해야 할 것이다. 사람이 태어나서 한평생을 사는 데는 하늘이 내린 각자의 할 바가 있다. 먼저 나라가 위급하면 몸을 아끼지 말고 충성하여 나라를 구해야 할 것이다. 나라가 없는데 어찌 개인이 있을 수 있겠는가. 다음으로 가문을 지켜야 한다. 가문이야말로 모든 생명의 뿌리가 박힌 곳이므로 이를 가꾸지 않음은 뿌리를 박을 터를 잃어버림과 다름이 아니다. 가문과 나라를 지키면서 부단히 학문하기에 힘써라. 학문이 없이는 밝음이 없고 밝음이 없는 어둠의 생활은 뭇짐승의 삶과 무엇이 다르겠느냐. 그러나 벼슬을 목적으로 학문을 하지 마라. 뭇사람들과의 복잡한 이해관계 속에서 원만하게 벼슬자리를 수행하기란 지극히 어렵다. 사람들이 왕후 장상의 아들로 태어나지 않은 이상 권세와 부귀를 모두 가질 수는 없다. 권세의 자리에 있음은 칼날 위에 서 있는 것과 같아 언제 자신의 칼에 베일지 모르니…… 과거를 보되 진사 이상의 벼슬은 하지 마라.

최진립은 국가에 의해 추증된 데 이어 지역사회에서도 추향이 뒤따랐다. 그가 사망하고 50년이 지난 1686년(숙종 12)에 경원부에서는 국경에서 선정을 베풀었다고 충렬사를 세워 김응하와 함께 추향했고, 경주에서도 남쪽 용산에 숭렬사를 세워 추향했다.

충렬사

최진립이 평소 아랫사람들을 가족같이 보살폈던 너그러운 품성과 충절은 타인의 표상이었으며, 관직에 있으면서 보여 준 애민정신과 청빈함은 사후 청백리에 녹선되는 계기가 되었다. 이처럼 아랫사람을 대하는 데 있어 인간적으로 위하고 배려하는 정신은 최진립 순절 후 후손들도 그의 유훈에 따라 실천하고 있다.

2. 이조리의 종가와 후손들

최진립의 청백의 정신을 물려받은 후손들은 어떠한 모습으로 살았을까? 조선 후기 이후 잠와종가는 두드러진 관직 배출은 없었지만 지역사회에서 명망을 유지하였다. 높은 관직에 진출한 사람은 거의 없었지만, 학문으로서 지역사회에 공헌하거나 동학을 창시한 최제우 및 독립운동을 한 경주 최부자 최준과 같이 널리 이름이 알려진 인물이 있다. 여기에 서술하는 후손들은 학문과 덕행으로 지역사회에 모범이 되어 널리 알려졌을 뿐 아니라, 선조인 최진립의 현양사업과 용산서원을 관리 · 운영하는 데 주도적인 역할을 하였다. 이들을 통해 잠와종가가 현재까지 유지되는 배경과 그 명망을 알 수 있을 것이다. 이들이 남긴 문집을 중심으로 잠와 이후 다섯 파로 나누어진 후손들의 모습을 살펴보고자 한다.

1) 외암 최석현

종가의 직계 후손인 외암畏庵 최석현崔錫賢(1764~1834)은 타고난 성품이 엄고嚴苦하고 마음가짐이 적확했다. 정무공의 주손으로 태어난 그는 선조를 모신 의례와 절차에 정성을 다했다. 매일 이른 새벽에 일어나 몸가짐을 단정히 한 뒤 먼저 가묘를 배알했다. 아무리 추운 겨울이나 더운 여름이라도 하지 않는 날이 없었다. 집안이 가난하여 양식이 떨어졌을 때도 편안한 모습을 잃지 않았다고 한다. 그는 학문을 좋아하여 서재를 깨끗이 청소하고 단정히 앉아 종일 독서를 하였는데, 『맹자』의 「진심장」을 즐겨 읽었다.

최석현은 종손으로 가문이 일어나지 못할까 우려하였다. 그는 상주 우산의 입재 정종로에게 가서 글을 배웠다. 사서를 바탕으로 삼고 주서朱書를 보충하였다. 마음을 한곳으로 모으고 힘써 노력하며 대업을 규명했다. 그는 과거공부를 좋아하지 않았는데, 이에 대해 "가난은 선비의 일상이고 과거는 학자의 외물外物이다. 어찌 본분을 잊고 외물을 바라며 아울러 하늘이 부여한 본연의 성품을 잃을 수 있단 말인가?"라고 말하였다. 그는 천명과 대인 그리고 성인의 말을 두려워한다는 『논어』의 뜻을 취하여 자호를 '삼외三畏'라 했다. 500리의 먼 길을 달려가 입재에게 글을 배우며 춘추 강회에 참석했다. 만약 불참하게 되면 의심된 문목을 만들어 사람을 시켜 질문을 하기도 했다. 그리하여 그는 체용의 분별과 리기理氣의 논리를 정미하게 규명하였다. 그의 책상에는 항상 『대학』·『중용』·『심경』·『근사록』 등이 놓여 있었다.

만년에 번잡한 일보다 간편하고 쉬운 것을 따르고, 기쁘고 노여운 것을 쉽게 드러내지 않았으며, 언어는 봄빛처럼 안온했다. 그러나 의리를 밝혀야 하는 일에는 단칼로 두 토막 내듯 과단성이 있었다. 문중에 여러 가지 일이 있으면 모두 조정하고 항상 화평한 것을 추구했다. 시문은 좋아하지 않았고, 간혹 글을 지으면 알기 쉽게 평이한 문장으로 썼다. 그는 담박하고 욕심 없는 삶과, 일상이 바로 정성에 의해 드러나는 삶을 살았다. 사람들은 그가 매우 겸손하고 근신하는 모습을 보고 칭찬을 아끼지 않았다고 한다. 『외암유집畏庵遺集』이 있다.

2) 질암 최벽

질암質庵 최벽崔璧(1762~1813)은 최진립의 둘째 아들의 후손으로, 서파에 속한다. 최진립의 후손들 가운데 문과에 급제한 세 명 중 한 명이다. 그는 어릴 때부터 영특했다. 그가 5~6세 때 그의 부친이 『동몽선습』을 가르치자 "저는 어른들이 공부하는 책을 읽고 싶은데 어찌하여 자서字書를 익히게 하십니까"라고 했다. 10세 때 숙부인 상지헌 최종건에게 사서를 배웠다. 13세 때 명경明經으로 하과夏課에 들었으나 나이가 어려 도시道試에 가지 못했지만, 16세 때 다시 응시하여 하과와 도시에 합격했다. 1783년 가을에 향시에 응시하러 양주에 들렀을 때 군수 이사렴이 그의 글을 보고 신동이라 일컬었다고 한다. 최벽은 이해에 사마시에 급제하고 바로 대과 전시殿試에 응시하여 장원급제하였다. 조선시대 경주지역에서 대과에 급제한 사람 가운데 장원급제한 사람은 호계 이을규와 최벽 두 명이다. 그의 문과 합격은 가문 전체의 영예로 취급되어 각 가계가 명망을 유지하는 데 도움이 되었을 것이다.

그는 곧 성균관전적에 올랐고 이어 휴가를 얻어 귀향하여 어사화를 받지 못했다. 이때 그는 소산 이광정의 손녀와 결혼하였다. 최벽은 혼렛날 저녁에 소산에게 가서 속수束脩의 예를 차리고 그 문하에 들어가 위기爲己의 학문에 힘썼다. 이때 아버지 병환이 심하자 백형인 가암 최수와 더불어 지극한 정성으로 돌보았다.

1784년에 예조좌랑으로 옮겼다. 최벽은 서울로 가다가 도중에 멈춰서는 "옛사람들은 소년이 과거급제하는 것을 불행으로 여겼다. 지금 내가 과거에 장원했다는 이름을 업고 학문에 힘쓰지 않은 채 벼슬길에 분주히 돌아다닌다면 어찌 올바른 사람으로 평가받을 수 있겠는가?" 하고 곧 소산 문하에 머무르며 『심경』과 『근사록』을 읽었다. 1786년에 백불암 최흥원의 장례와 1789년에 소산 장례에 참여하여 모두 제문을 지어 고유했다.

그는 1790년에 규장각 초계문신으로 뽑혔다. 경주에서는 최벽 한 사람만 초계문신으로 선발되었는데 그때 나이가 28세였다. 1792년 과시課試를 초합할 때 정조가 특별히 '십배화十倍畫'의 명을 내렸다. 이것은 정조가 통과하기 어려운 『춘추』와 『주역』의 강을 통과하면 10배의 점수를 준다는 특명이었다. 이때 최벽이 십배화를 받은 것이다. 정조는 "최벽은 영남 사람 가운데 재주가 뛰어나고 또한 『주역』을 외는 데 뛰어나 여러 문신 가운데 최고다"라고 하였다. 또 최벽을 불러 "그대는 모든 일에 질실質實로 행하고 이 전제箋題를 지내리지 말도록 하여라"라고 했다. 이에 '질' 자에 '암' 자를 더하여 질암이란 호를 삼았다.

1796년에 최벽은 사헌부지평에 제수되었지만 부친의 병으로 부임하지 못했다. 이듬해인 1797년에 사간원정언으로 부임하러 신녕까지 갔다가 부친의 병환으로 다시 서둘러 되돌아왔다. 그는 태조 이성계의 어용을 봉안한 집경전이 임란 때 소실되고 빈터만 남아 있는 것을 보고 경주 선비들과 상의하여 집경전 재건을 위한 글을 나라에 올렸다. 당시 경주지역 선비들은 임란 이후 집경전 복원을 염원하며 나라에서 중건해 줄 것을 계속 요청했다. 그러나 끝내 복원되지 못한 채 지금은 정조의 어필이 새겨진 비신(경주시 서부동 경주여자중학교 교정에 정조 어필로 '集慶殿舊址' 라고 쓴 비가 있음)만이 남아 전하고 있다.

1800년 5월에 그는 정조의 승하 소식을 듣고 통곡했다. 집안의 정결한 곳에 몇 칸 집을 짓고 어사御賜 서적을 봉안한 뒤 편액을 '양졸養拙' 이라 걸어 두고 그곳을 학문을 닦는 장소로 삼았다. 1812년에 왕세자 책봉 하반으로 참례하고 도성을 떠나오면서 옛 동료들을 일절 만나지 않았다. 몇몇 동지들과 더불어 몇 칸 정사를 용악(경주 고위산 천룡사 아래 틈수골 와룡암 부근의 터를 말함) 아래 짓고 그의 지우인 치암 남경희 등과 함께 여생을 조용히 보내려 했으나 집안 사정으로 뜻을 이루지 못했다. 문집으로 『질암집質庵集』이 남아 있다.

3) 도와 최남복

도와陶窩 최남복崔南復(1759~1814)은 정무공 둘째 아들의 후손으로, 서파에 속한다. 최남복이 태어날 때 조부의 꿈에 신인神人이 오색구름을 헤치고 내려오며 가지고 온 금패에 '남경복南景復' 이란 세 글자를 썼다고 한다. 조부는 자신의 아버지 최경담의 '경慶' 자와 '경景' 자가 음이 같은 것을 이상하게 생각했다. 따라서 자를 경지景至라 하고 이름은 최남복이라 지었다. 그는 어려서 재주가 뛰어나 7세에 십구사十九史를 익혔고, 『논어』 한 질을 50

여 번 읽고 거의 외웠다. 10세에 문의를 터득하고 13~14세부터 『통감』, 『사자삼경四子三經』을 읽고 노우 정충필의 문하에 들어가 『주자서』 등을 배웠다. 정충필은 당대 명망이 높은 선비이자 최남복에게 이숙姨叔이 되었다. 최남복은 아버지 명으로 과거공부를 하였으나 부모상 등 9년간의 거상居喪으로 인해 모발이 모두 서릿빛으로 변하고 부모의 죽음을 몹시 슬퍼하여 몸이 쇠했다. 그로 인해 학업이 상당히 늦어졌으나 책을 놓지 않았다.

1792년에 생원시에 합격하니 그의 나이 34세였다. 그는 진취에는 뜻이 없고 어버이 묘소 아래 작은 서재를 짓고 스스로 호를 '도와'라 하였다. 그리고 "네 모습은 지극히 완고하고 네 마음도 매우 비웠구나. 마땅히 너는 흙을 먹고 살아야 할 것이다"라고 명銘을 지었다. 그는 모든 명리와 득실에 관심을 갖지 않고 책을 읽다가 뜻에 맞는 어구가 있으면 침식을 잊었다. 마을 아이들이 책을 가지고 와서 배움을 청하면 그 자질에 따라 가르치며 게을리하지 않았다.

연화산은 경주에서 산수가 아름다운 것으로 이름이 높았다. 그는 만년에 유식할 장소로 삼기 위해 이곳에 백련서사를 지었다. 또한 학동이 공부할 장소 두 칸을 마련하여 역락재라고 하였다. 그는 찾아온 학도들을 지도했을 뿐 아니라 고매한 인품으로 많은 사람을 감동시키며 유풍儒風을 진작시켰다.

그의 당숙인 최벽은 문과에 장원급제한 수재였지만 크게 현

달되지 못하고 52세에 죽었다. 이를 안타깝게 여긴 도와는 그의 묘비 등 글을 써서 찬양하고 그 자제들을 정성을 다해 보살폈다. 도와는 용암 최기영, 근암 최옥 등과 교의가 두터워 백련서사에서 와룡정, 그리고 용담정을 오가며 창수唱酬한 시편을 많이 남겼다. 그는 또 전아한 서체로 유명하였다. 2000년도에 후손 최창규가 발행한 『도와최남복선생필첩』을 보면 「난정집서」와 구양순의 「팔법서법론八法書法論」 등이 수록되어 있는데 어제 쓴 듯 생동감이 있다. 부윤 이채가 향음례를 열었을 때 도와는 주사主事를 맡았고, 의학에 능해서 산후나 두과 및 소아 질병을 잘 다스려 여러 사람이 효험을 보았다. 그 밖에 치암 남경희, 면암 이우와 가까웠고, 선조인 정무공 유허비를 세우는 데 크게 힘썼다. 또한 자녀교육과 집안의 규범이 되는 「내범편저」를 지었다. 나이가 들었을 때 역학 등 도학을 깊이 연구했다. 그의 사상은 『도와선생문집』 권5 잡저 중 「하락도설」과 「무극태극설」에 잘 나타나 있다. 그의 문집 초간본에는 서문이 없으나 중간본에는 최익현 서문이 있고, 행장은 유태좌, 묘갈명은 허전이 지었다.

4) 신포 최두석

신포莘圃 최두석崔斗錫(1800~1864)은 정무공 가문 세 명의 문과 급제자 중 한 명이다. 그는 정무공 둘째 아들의 자손으로 그의 조부는 참판에 증직된 최종섭이다. 최종섭은 아들 셋을 두었는데 큰아들 최수는 문장으로 이름이 높았다. 차자 최벽은 앞서 언급한 바와 같이 장원급제하고 규장각 초계문신으로 뽑혔다. 막내아들 최위는 문재文才가 있었으나 두 형의 명성에 가려 크게 드러나지 못하고 부모를 봉양하는 것을 즐거움으로 여겼다. 최두석은 최위의 맏아들로 태어났다. 그가 활약한 당시 경주 남쪽지역의 사론士論은 이들 최씨 가문이 주도하고 있었다. 최두석의 아버지 형제 세 명을 비롯하여 도와 최남복, 용암 최기영의 부자, 근암 최옥, 성암 최세학 등 뛰어난 선비들이 종가가 있는 가암을 중심으로 백련서사, 와룡암, 문정, 용담정을 오고 가며 많은 족적을 남겼고, 문장으로 당대를 풍미했다. 그는 이러한 가문의 학문적 바탕 위에서 공부하여 마침내 1837년에 문과에 급제했다. 권찬환, 이응상과 동방이었으며 관직에 나아가 사간원정언에 올랐다. 그의 숙부 최벽이 일찍이 정언을 역임한 것을 두고, 세상 사람들은 이들 숙질을 '신구정언新舊正言'이라 불렀다. 그는 심동에 사는 이재공과 매우 가까워 여러 시편을 남겼다. 또한 그는 종가가 있는 마을인 이조리를 읊은 「이조팔경」을 지었다. 문집으로 『신포유고莘圃遺稿』가 있으나 일부 잃어버리고 남은 시편이 후손의 책 상자 속에 전하고 있다.

5) 성암 최세학

성암惺庵 최세학崔世鶴(1822~1899)은 정무공 둘째 아들의 후손이다. 최세학은 효성이 깊었다고 한다. 어려서 어머니가 병을 앓을 때 이불을 껴안고 눈물을 흘렸고, 밥을 지을 때도 반드시 불을 지피는 등 어머니의 수고를 나눴다. 그는 재주는 둔하였지만 이를 알고 엄청난 노력을 기울였다. 『통감』을 펴 두고 종일 묵묵히 앉아 있어 또래 아이들이 업신여겼지만 못 본 체하였고 장난치며 시끄럽게 해도 못들은 체했다. 이렇게 5~6년이 지나자 비로소 지혜가 트이기 시작하여 『맹자』를 읽은 뒤 그 이치를 훤히 깨닫게 되었다고 한다. 그는 일찍이 산방에 들어가 3년간 책을 읽었는데 천 번 읽는 것을 기준으로 삼았다. 이로써 문리가 날로 발전하여 보는 사람마다 경탄했다.

그는 40여 년간 책을 읽으며 오직 한 가지 이치를 터득하였고, 위기爲己의 학문에 힘쓰며 『중용』과 『대학』에서 그 기본을 세웠다. 그는 말과 행동에서 소홀함이 없었고 많은 글을 두루 읽고 연구하여 규명했다. 당시 정헌 이종상은 학문과 덕으로 이름이 높았다. 그는 항상 정헌을 찾아가 질의하며 많은 가르침을 받았다. 최세학은 경암 이재목과 마음이 통하여 서로 학문을 토론하며 강마했다. 이후 그는 『역년통고歷年通攷』란 책을 지었다. 이 책에서 황제 때부터 오늘에 이르기까지 무려 4,500년간의 국가 연혁과 치란을 모두 운에 좇아 연대를 육갑으로 환산·정리하여 풀이했다. 성암이 상수역에 대해 깊이 천착한 계기는 바로 그의 스승 이종상의 학문적 영향이 컸다.

한편 최세학과 그의 문인 등은 월산 남쪽에 보인재를 지었다. 여기에서 시서와 예악을 강하고, 강회 때마다 향음례와 향약을 행했다. 1891년 부윤 노영경이 경주향교에서 향음주례를 거행하였다. 이때 부윤이 그의 집으로 찾아와 빈개賓介를 부탁하였고, 이 주례가 끝난 뒤 최세학은 「향음주례서」를 지었다. 또한 부윤 민영규가 부임하여 먼저 향교를 찾아 성묘에 배알했다. 이때 부윤은 대성전이 타락한 것을 보고 크게 탄식하며 백성들의 남은 힘을 빌려 중수했다. 공사를 마친 후 권필환을 시켜 최세학에게 중수기를 부탁하였다. 최세학이 지은 「향교중수기」는 지금 명륜당에 현액되어 있다.

이후 보인재 문인들이 중심이 되어 『성암문집惺庵文集』을 간행하였다. 그의 연제練祭를 지내는 날 문인들이 보인재에 모여 문집 간행을 논의한 후 8개월 만에 편성되었다. 이를테면 그의 사후 3년 이내 문집이 간행된 것으로 사생師生관계가 무엇인가를 보여 주는 좋은 일례라 할 수 있다.

6) 송정 최동량

송정松亭 최동량崔東亮(1598~1664)은 정무공의 셋째 아들이다. 그는 책 읽기를 좋아하고 몇 번 읽으면 곧 외우며 이해했다. 또한 성품이 매우 효성스러워 부모의 뜻을 조금도 어김이 없었다. 1623년에 인동 부지암에 있는 여헌 장현광을 찾아가 속수의 예를 올리고 뵈었다. 1624년에 아내 정씨의 상을 입고 6개월 후 어머니 상을 당했다. 이때 아버지 최진립은 가덕첨사로 나가 있었기 때문에 그가 상제의 모든 절차를 소홀함이 없이 치렀다. 그는 예를 행할 때 의심스러운 데가 있으면 반드시 여헌에게 품의했다. 1634년에 아버지를 모시고 호남 우수영에 머물렀다.

1636년에 청나라 군사가 서울을 침범하자 왕은 남한산성으로 피난했다. 이때 최진립은 공주 영장으로 필마를 타고 전장으로 달려갔다. 최동량은 이 소문을 듣고 울면서 "주상이 산성에 갇혀 있고 아버지가 전쟁터에 달려갔는데 신자되는 사람이 어찌 편안히 있을 수 있겠는가?" 하고 경주의병을 모집했다. 이듬해 정월 9일 목천에 이르러 아버지가 전사했다는 말을 들었다. 그는 울면서 밤을 재촉하며 달려갔다. 험천 전장에 이르러 옛 관리들과 더불어 시신을 찾아 염습하고 1637년 2월에 고향으로 운구하는데, 이때 청군들이 지나간 여러 고을은 모두 불타고 남아 있는 것이 없었다. 그는 잠시 민간 집에 머무르게 되면 예에 따라 곡하고 상식하며, 밤이면 널 곁에서 잠을 자고 한 걸음도 떠나지 않았다. 날씨는 춥고 길은 험하여 온갖 고생을 하며 운구하는 모습을 보고 사람들이 모두 슬퍼하며 호송하는 것을 도왔다.

그는 그해 12월에 언양현 동쪽 오지산에 아버지 최진립을 장사 지내고 3년간 시묘하며 한 번도 집에 오지 않았다. 집에 화재가 발생하여 처자가 갈 곳을 잃었을 때에도 그는 오지 않고 조석으로 묘를 지키며 슬피 울었다. 그는 1639년에 정무공 행장을 학사 김응조에게 청했고, 1640년에 정려비명을 만랑 황호에게 청했다.

1641년에 도헌 정세규가 임금에게 아뢰어 특별히 제릉참봉에 제수되었고, 1649년에 지평현령에 임명되었다. 지평 고을은 청나라로 가는 길목에 있었다. 간혹 청나라 사신이 우리나라에 오고 가면 지평현령이 그들을 대접해야 했는데, 최동량은 호란 때 아버지가 순절한 사실을 생각하면 그들을 도저히 접대할 수 없었다. 따라서 그는 글을 올려 바꿔 줄 것을 청했다. 그러나 정원에서 받아들이지 않자 곧 벼슬을 그만두고 고향으로 돌아왔다.

1651년에 정무공의 시장諡狀을 다시 황호에게 청하고, 신도비명을 용주 조경에게 청했다. 그는 1652년에 개령현감으로 있다가 곧 용궁현감에 임명되었다. 용궁에 부임한 그가 낡은 제도를 혁파하고 백성들의 고통을 없애자 몇 개월 만에 고을이 잘 다스려졌다. 얼마 후 상관의 뜻을 거스르고 곧 관직을 버리고 물러나자 관리와 백성들이 그를 애석하게 생각하며 잊지 못했다.

최동량은 또한 고급 비단과 담비 털로 만든 외투를 몸에 가까이하지 않았는데, 이는 모두 청나라에서 생산되기 때문이었다. 만년에 이천伊川가에 서재를 짓고 대나무 수백 그루를 동원에 심었다. 이 속에 묻혀 자적하며 손에서 책을 놓지 않았다. 그는 1663년에 인륜을 밝히고 어버이에게 효성하라는 등의 내용을 담은 유명한 「가거십훈」을 지어 자손들에게 유훈으로 삼도록 하는 등 가문의 이념적 뼈대를 구축했다. 「가거십훈」은 최동량이 죽기 전 그해 겨울에 자손들을 훈계하기 위해 지은 것이다. 이처럼 그는 구체적인 생활 지침을 제시함으로써 후손의 행동 방향을 제시했다.

그의 문집인 『송정유사松亭遺事』의 서문은 홍수보, 가장은 사위 이자, 묘갈명은 권상일, 묘지명은 이채, 발문은 최현필이 지었다. 이후 1997년에 후손 최영준이 다시 영인 인쇄하여 반질했다. 그리고 본집 이외 여러 필사본이 전하고 있다.

7) 제암 최종겸

제암霽巖 최종겸崔宗謙(1719~1792)은 최진립 셋째 아들의 후손이다. 그는 어릴 때 마을 훈장에게 글을 배우고 16세 때 매산 정중기 문하에서 글을 배웠다. 매산은 최종겸의 외삼촌이다. 최종겸이 경사를 토론하면서 게으름 없이 열심히 하자 매산은 이를 아름답게 여기며 "네가 위기의 학문에 뜻을 두고 부지런히 나아간다면 어찌 고인에 미치지 못하겠는가?" 라고 했다. 최종겸은 '내가 본디 재주가 둔하여 적게 읽으면 외울 수 없다. 문의가 어려운 데 이르러 이해가 되지 않으면 반드시 거듭 읽고 외워야 의문이 풀린다' 고 말하고 많은 책을 반복해서 읽었다. 집에 있을 때 예법을 따랐고 어버이를 사랑하고 어른을 공경하는 예절을 몸소 실천하며 귀범을 보였다. 특히 두 아우와 우애가 두터워 책을 읽거나 밥을 먹을 때 항상 같이하며 효제의 도리를 다했다.

1742년에 처음으로 『염락풍아』란 책을 얻어서 직접 베껴 읽었다. 그는 상례뿐 아니라 사례四禮와 가례家禮 및 『예기禮記』 등 크고 작은 예설을 매산에게 물었는데, 이때 왕복 문답한 글이 수천 어에 이를 정도다. 1748년 새해 첫 아침에 「입잠立箴」을 지어 경계로 삼았다. 「성학십도」·「하락천명신사도」 등을 그려 사면 벽에 걸어 두었으며, '성경誠敬' 두 자를 크게 써 두고 항상 보며 성찰했다.

그는 여러 종친과 상의하여 힘을 모아 목재를 구해 여러 해에 걸쳐 힘쓴 결과 1754년 용산서원 강당을 중수했다. 동시에 그는 동서재의 원기院記를 성호 이익에게 부탁하여 받았다. 1764년 정무공의 묘소에 비를 세우고 1778년에 용산서원의 문루인 청풍루를 건립했다. 1779년에 종가에 묘우를 건립한 뒤 일반 가묘에서 행한 열향列享을 하지 않고 '불천지조不遷之祖'가 있다 하여 소목의 제후 향례에 따라 '오묘五廟, 이소二昭, 이목二穆'으로 행했다. 그는 「소목변」을 지어서 그 사유를 해명하고 소목에 대한 예설을 널리 채집하여 『대종제의大宗祭儀』라는 책자를 만들어 종가에 비치했다.

또한 그는 『정무공실기』가 간행된 지 오래되고 누락된 부분이 많은 것을 보고 옛 문적에서 행적과 자료를 수집하여 당대 유명한 선비들을 찾아가 질정하였고 마침내 1784년에 『정무공실기』 중간본을 냈다. 이렇듯 그는 선조를 위하는 일에 정성을 다했다. 고조부 이후에 제전祭田이 넉넉하지 못하자 이를 마련하고 그 조례를 엄격히 하기도 했다.

그의 선조에 대한 일은 외가도 예외는 아니었다. 마을 남쪽 지동에 있는 정무공의 외조부 황임종의 묘가 오랫동안 방치된 것을 안타깝게 여겨 그 묘소를 수호하고 위토를 마련했다. 그리고 한식 때마다 성묘하고 묘비를 직접 지어서 세웠다. 그는 또 오연에 있는 선조 묘소의 일을 마친 뒤 그 남은 재물로 의장계를 조직했다. 이 계금으로 종친 가운데 가난해서 결혼하지 못한 사람과 부모상에 어려움이 있는 사람을 도와주었다. 또 과거를 보러 가거나 흉년이 들었을 때도 경비를 보태거나 진휼했다.

최종겸은 과거에는 뜻이 없었다. 그는 선대가 남긴 취수헌을 중수하여 기문을 짓고 세상일을 잊고 자연에 묻혀 자적했다.

『자은록』이란 책을 지어서 문인들에게 학문에 힘쓰며 스승의 은혜를 잊지 말도록 했다. 그는 "후손이 되어서 선조를 알지 못해서 되겠는가?"라고 하며 십육조도 및 팔고조도를 만들었다. 또 최씨 가운데 같은 본관을 가진 여러 선조의 사적을 모으고 가승의 모든 계보를 엮어 『궁원록』이란 책을 만들었다. 이를테면 경주최씨 정무공 계파의 위상과 사적, 그리고 선조에 관한 모든 토대를 그가 중심이 되어 마련한 것으로 평가할 수 있다. 『제암문집』이 남아 있다.

8) 문파 최준

잘 알려진 바와 같이 문파汶坡 최준崔浚(1884~1970)은 정무공 셋째 아들의 후손으로 경주 최부자 가문의 마지막 최부자로 불린다. 최준은 일찍이 족숙인 수헌 최현필의 문하에서 수학하였다. 1904년 최준은 부친 최현식으로부터 경주 교촌 '최부잣집'의 가사를 물려받았다. 최준은 사촌매형인 광복회 총사령 박상진과 처삼촌인 대한민국임시정부 법무위원인 김응섭의 영향으로 민족의식에 눈을 뜨게 되었다. 그는 1908년 3월에 설립된 교남교육회 가입과 1908년 11월 대한협회 경주지회의 설립을 통해 계몽운동을 전개하였다.

최준의 업적을 정리하면, 첫째 일제강점기 시절 독립운동 공적, 둘째 재산을 민족산업에 투자했던 일, 셋째 해방 후 민족교육에 사람과 재산을 모두 바쳤던 일로 나눌 수 있다. 그는 구한말 의병진을 지원하였다. 1905년 최익현의 청양의병과 신돌석의 영해의병에 이어 박경종(영해)·이상룡(안동)·차성충(거창)·이규홍(예천)이 연합한 가야산의병을 지원하고, 다음에 허위의 임진강의병을 지원한 것을 비롯하여 수많은 무명 의병을 지원한 사실이다. 그래서 해방 후에도 허왕산선생기념사업회장을 맡아 대구 달성공원에 기념비를 세우고 백범사업에 동참하는 등 민족사업을 꾸준히 추진하였다.

또한 1910년대에 경상우도지방에 발달한 조선국권회복단을 결성하여 활동한 사실과 풍기광복단 및 1915년에 통합한 대한광복회 활동을 말할 수 있다. 그리고 백산 안희제와 함께 1918년부터 부산의 백산상회를 백산무역상사로 확대 개편하여 운영하며 안호산, 김법린 등의 인재를 키우고 민족운동자금을 조달했던 사실도 널리 알려진 일이다. 또 임시정부에 독립운동자금을 지원한 사실도 잊을 수 없는 공적이다. 그리하여 해방 후 경교장을 방문한 최준이 백범과 함께 독립운동 자금을 정직하게 운반한 안희제를 추모하여 남쪽을 향해 배례했다.

해방 후에는 전 재산을 민족교육에 희사하여 대구대학교를 설립하였다. 해방 전에는 민족문화에 관심을 가지고 동아일보와 보성전문학교 재단에 투자하였다. 경주읍지인 『동경통지』와 『동경속지』 편찬을 주도하며 오늘날 경주박물관 전신인 경주고적보존회를 일으켜 활동하였다. 그리고 1945년 해방 후 경북종합대학기성회가 발족하여 최준을 기성회장으로 추대하자 거기에도 많은 정성을 쏟았다. 그리하여 경북대학교가 국립으로 설립되는 계획이 확정되자 최준은 대구대학교 설립과 운영에만 심혈을 기울였다. 1955년에는 문파교육재단을 설립하여 경주에 계림학숙을 운영하다가 대구대학교 부설여자초급대학으로 만들어 여성교육 진작에도 기여하였다.

교촌의 주손으로 마지막 참봉인 문파 최준은 4형제의 장남으로, 일제강점기에 백산 안희제와 동업한 백산상회를 통해 100만 환 이상의 독립자금을 상해임시정부로 보냈다. 해방 후 김구가 환국하여 1946년 2월 경교장에서 만났을 때, 김구는 가산이 어려움을 당하면서도 거액의 독립자금을 보내준 데 대해 삼천만 동포의 귀감이 된다며 최준의 공로에 감사했다.

최준은 대동보 보완과 재발간 및 시조의 문적인 『계원필경』 20권, 『경학대장』 3권 등 각종 서책을 간행하는 등의 종사宗事에 관한 일에도 힘썼다. 또한 사재를 들여서 오기와 누락된 부분을 보완하여 『동경통지』 14권 발간을 주도하고 1933년에 간행하는 등 경주 역사를 바로 알리는 역할도 하였다. 뿐만 아니라 동아일보 창간 발기인, 민족 자본으로 설립된 경성방직주식회사 주주 겸 창립위원, 김성수가 설립한 중앙학원재단 이사 및 보성전문학교(현 고려대학교) 도서관 설립에도 많은 기부를 하는 등 일제강점기에 경주뿐만 아니라 민족을 위해 많은 헌신을 하였다.

9) 근암 최옥

근암近庵 최옥崔鋈(1762~1840)은 최진립 넷째 아들의 후손이다. 재주가 매우 총명하여 8세 때 「봉덕종부鳳德鍾賦」를 지어 주위 사람들 사이에 회자되었다. 그는 기와 이상원의 문하에 나아가 글을 배웠는데 특히 사부詞賦에 능했다. 어려서부터 남다른 재주가 있어 주위 사람들이 그의 급제를 기대하였다. 최옥은 과거에 여러 번 응시하는 등 젊은 시절을 등과하는 일로 보냈지만 결국 합격하지 못했다. 그는 이 사실을 굳이 숨기려 하지 않고 그의 문집 곳곳에 적어 두었다.

그리하여 그는 1815년 53세의 나이로 심신을 안정시키며 머물기 위해 선대가 물려준 구미산의 용담정으로 들어갔다. 그는 과거에 합격하지 못했지만 진나라 도잠의 「귀거래사」의 운을 취해 글을 지었고 자연의 뜻에 따라 순응할 뿐 세상을 격분해 하거나 빈축하는 말은 없었다. 또한 성리서에 잠심하고 우리나라 명현의 글을 숙독하며 또 다른 학문의 세계를 넓히고 천착했다.

용담서사를 지어 은거한 그는 날마다 남려 이정엄, 창려 이정기, 덕계 남봉양, 가암 최수 등과 도의의 사귐을 맺고 고금을

논하며 시를 즐겼다. 간혹 서울에 살고 있는 관리들이 최옥의 풍문을 듣고 한번 만나려 했으나 나아간 일이 없었고, 부윤이 편지를 보내 예우했으나 역시 나가지 않았다. 경주부윤 이인필이 예를 갖춰 용담서사를 찾아와서 그를 만나고 돌아간 후 정헌 이종상에게 "이 선비의 고매한 기품은 우리 같은 속된 무리에 비할 바가 아니다. 이 같은 훌륭한 인물이 여기에서 헛되이 세월을 보내다니 참으로 슬픈 일이다" 하고 아쉬워했다.

그는 용담정의 주변 산수를 「용담이십육영」에 담았다. 여기에서 최옥은 작은 바위 하나에도 그의 사상과 정취를 함축적으로 나타내고 있다. 그는 이곳에서 선조 가운데 묘갈명이나 행적이 누락된 것을 정리하고 간행된 지 오래된 『정무공실록』의 누락된 글을 모아 속간하였나. 노한 기와선생의 초고를 수집하여 고정考訂하고 한 본은 베껴 두고 읽으며 존경하는 스승에 대한 예를 다했다. 최옥은 전배 정씨와 후배 서씨 부인 사이에 모두 아들이 없어서 아우 최규의 아들 최제환을 후사로 삼았다. 그는 후에 한씨 부인을 맞아 아들 최제선을 낳았는데, 이분이 바로 동학 교조인 수운 최제우이다. 『근암문집近庵文集』이 남아 있다.

10) 수운 최제우

동학의 창시자인 수운水雲 최제우崔濟愚(1824~1864)는 중시조 최진립의 7대손이다. 정확하게 이야기하면 최진립의 넷째 아들 최동길의 자손이다. 최동길은 최진립의 형인 최진흥에게 양자로 갔지만 사실상 최진립의 후손이라고 해도 좋다. 최제우는 한국사에서 가장 중요한 인물로서 꼽히지만 정작 그가 경주최씨 최진립의 후손이라는 사실을 아는 사람은 드물다. 동학에 대한 높은 관심과 다대한 연구 성과에도 불구하고 이러한 사실은 잘 알려져 있지 않은 것이다.

최제우의 아버지 최옥은 학자였다. 경주 최부잣집의 후손인 최염이 말한 최제우의 탄생 비화가 다음과 같이 전승되고 있다. 최옥이 한번은 서울을 여행하다 주막집에 묵게 되었다. 저녁을 먹고 난 후에 여주인이 술상을 차려 왔다. "내가 청하지도 않았는데 왜 술상을 가져왔소?" 하며 묻자 "객고나 푸시라고 가지고 왔어요"라고 했다. 호의를 받아들여 술을 마셨는데 그날 수운이 잉태되었다고 한다. 생모는 전날 밤 꿈을 꾸었는데, '오늘 귀인을 만날 것' 이라는 말을 듣고 잠들기 전 꿈 생각이 나 술상을 가져왔다고 한다.

생모는 아이가 영특하게 자라자 아버지를 찾아 데려다 주었다. 한마디로 수운 최제우는 서자였던 것이다. 아버지 집에서 살게 된 수운은 외로움과 서러움이 컸을 것이다. 최제우는 교동의 최부잣집에 자주 들렀고 과객으로 사랑채에서 머물렀다고 하는데 이 역시 서자로서의 어려운 행적을 보여 준다.

최제우는 어릴 때부터 총명하여 일찍부터 경사經史를 익혔다. 13세의 나이로 울산 출신의 박씨와 혼인하였고, 4년 뒤 아버지를 여의었다. 삼년상을 마친 뒤에는 집안 살림이 더욱 어려워져 여기저기로 떠돌아다니며 갖가지 장사와 의술醫術, 복술卜術 등의 잡술雜術에 관심을 보였으며, 서당에서 글을 가르치기도 하였다.

그러다가 세상인심의 각박함과 어지러움이 바로 천명을 돌보지 않기 때문에 나타난 것을 깨닫고 천명을 알아낼 수 있는 방법을 찾기 시작하였다. 1856년 여름 천성산千聖山에 들어가 하느님께 정성을 드리면서 시작된 그의 구도求道 노력은 그 이듬해 적멸굴寂滅窟에서의 49일 정성, 그리고 울산 집에서의 계속된 공덕 닦기로 이어졌고, 1859년 10월 처자를 거느리고 경주로 돌아온 뒤 구미산 용담정龍潭亭에서 계속 수련하였다. 이 무렵 국내 상황은 혼란한 분위기였는데, 이러한 상황에서 천주(혹은 ᄒᆞ놀님)의 뜻을 알아내는 데 유일한 희망을 걸고, 이름을 제우濟愚라고 고치면서 구도의 결심을 나타냈다.

그는 1860년 4월 5일 결정적인 종교 체험을 하게 되었다. 하느님에게 정성을 드리고 있던 중 갑자기 몸이 떨리고 정신이 아득해지면서 천지가 진동하는 듯한 소리가 공중에서 들려왔다. 이러한 체험을 통하여 그의 종교적 신념이 결정적으로 확립되기 시작하였고, 1년 동안 그 가르침에 마땅한 이치를 체득, 도를 닦는 순서와 방법을 만들 수 있게 되었다.

1861년 포교를 시작하였고, 곧 놀라울 정도로 많은 사람이 동학의 가르침을 따르게 되었다. 동학이 세력을 얻게 되자 기존 유림 층에서는 비난의 소리가 높아져 서학, 즉 천주교를 신봉한다는 지목을 받게 되었다. 또한 톈진조약 후 영불연합군이 물러가서 조선 침공의 위험이 없어졌다는 소식을 듣고 민심이 가라앉게 되자 조정에서는 서학을 다시 탄압하게 되었으므로 1861년 11월 호남으로 피신을 가게 되었다.

1862년 3월 경주로 되돌아갈 때까지 남원 은적암隱寂庵에서 피신생활을 하던 중 동학사상을 체계적으로 이론화하였고, 「논학문論學文」·「안심가安心歌」·「교훈가」·「도수사道修詞」 등을 지었다. 경주에 돌아와 포교에 전념하여 교세가 크게 확장되었는데, 1862년 9월 사술邪術로 백성들을 현혹시킨다는 이유로 경주 진영鎭營에 체포되었으나 수백 명의 제자들이 석방을 청원하여 무죄 방면되었다.

이 사건은 사람들에게 동학의 정당성을 관이 입증한 것으로 받아들여져 신도가 더욱 증가하였으며, 포교 방법의 신중성을 가져와 마음을 닦는 데 힘쓰지 않고 오직 이적만 추구하는 것을 신도들에게 경계하도록 하였다. 신도가 늘게 되자 그해 12월 각지에 접接을 두고 접주接主가 관내의 신도를 다스리는 접주제를 만들었다. 경상도 · 전라도뿐만 아니라 충청도와 경기도에까지 교세가 확대되어 1863년에는 교인 3,000여 명, 접소 13개소를 확보하였다.

이해 7월 제자 최시형을 북접주인으로 정하고 해월海月이라는 도호를 내린 뒤 8월 14일 도통을 전수하여 제2대 교주로 삼았다. 관헌의 지목을 받고 있음을 알고 미리 후계자를 정한 것이다. 이때 조정에서는 이미 동학의 교세확장에 두려움을 느끼고 그의 체포계책을 세우고 있었는데, 11월 20일 선전관宣傳官 정운구鄭雲龜에 의해 제자 20여 명과 함께 경주에서 체포되었다. 서울로 압송되는 도중 철종이 죽자 1864년 1월 대구감영으로 이송되었다. 이곳에서 심문받다가 3월 10일 사도난정邪道亂正의 죄목으로 대구장대大邱將臺에서 41세의 나이로 참형에 처해졌다.

그가 본격적으로 종교활동을 할 수 있었던 기간은 득도한 이듬해인 1861년 6월부터 1863년 12월까지 약 2년 반 정도의 짧은 기간이었다. 게다가 대부분 피신하며 지낸 시간이어서 안정되게 저술에 몰두할 수는 없었으나 틈틈이 자신의 사상을 한문체·가사체 등으로 표현하였다.

그러다가 갑자기 처형당하게 되자 남아 있던 신도들은 그의 글들을 모아서 기본이 되는 가르침으로 삼게 되었다. 한문체로 된 것을 엮어 놓은 것이 『동경대전東經大全』이고, 가사체로 된 것을 모아 놓은 것이 『용담유사龍潭遺詞』이다. 『동경대전』과 『용담유사』에는 두 가지 신앙 대상에 대한 명칭이 나타나는데, 천주天

主와 ᄒᆞ늘님이 그것이다.

11) 수헌 최현필

수헌脩軒 최현필崔鉉弼(1860~1937)은 최진립 넷째 아들의 후손이다. 그는 현곡면 남사리 종동에 살다가 유년에 경주 교동으로 이거하였다. 그는 어려서부터 모습이 준이하고 재주가 뛰어났다. 5세 때 종남 최하수의 후사로 들어갔다. 8세 때 글을 지어서 많은 사람을 놀라게 했다. 13세 때 사서와 삼경을 두루 읽어서 통하였다고 한다. 16세의 어린 나이에 경주부에서 실시한 백일장에 들어가 응시를 요청하자, 부윤이 기특하게 여기고 허락하였다. 그가 붓을 잡고 시권을 제출하니 부윤이 크게 칭찬하였고 이로써 재주와 이름을 크게 떨치게 되었다.

최현필은 경주 교동에 은거하면서 면암 최익현을 비롯하여 안동 유림 이충호, 이중철, 김정섭, 조승기 등과 교유하였다. 이들은 외세 침략에 즈음하여 위정척사론을 견지한 보수적인 유림이었다. 특히 그는 최익현의 위정척사사상에 영향을 받았다.

그는 또 효성이 매우 지극하여 어버이를 섬길 때 조금도 뜻에 어긋남이 없었다. 1891년 문과에 급제하고 승문원정자에 올랐다. 1894년 이후 벼슬에 뜻을 버리고 고향으로 돌아와서 과농課農으로 자신을 위한 계책을 삼았다. 그리고 후학을 가르치고 강학을 개설하여 학문에 힘쓰게 했다.

그는 남들의 간청에 따라 기문, 상량문, 묘갈명 등을 많이 지었으나 그의 사후 이들 유고를 정리하지 못했다. 이후 그의 유고를 모아 『수헌문집脩軒文集』을 간행하였다.

3. 지손의 재부 축적과 노블레스 오블리주의 실천

1926년 10월 경주에서는 신라시대 고분 하나가 발굴되고 있었다. 발굴 단원 중에 파란 눈의 신혼부부가 끼어 있었다. 스웨덴 구스타프 6세 황태자 부부였다. 고고학에 관심 많은 황태자가 일본에 신혼여행을 왔다가 경주에서 발굴이 있다는 소식을 듣고 일본에서 배를 타고 온 길이었다.

당시 조선의 경주에서는 서봉총에서 신라 왕관 발굴계획이 진행 중이었다. 왕세자의 전공이 고고학인 것을 안 일본 정부가 조선 경주에서 고분 발굴계획이 진행 중임을 알리고 현지 참관을 권유하였다. 왕세자는 흔쾌히 수락하여 발굴 현장에 참관하고 참여하였다. 행사 후 구스타프 왕세자가 교촌의 최부잣집 고택

관람을 희망하였다. 최준이 주변과 집안 일대를 모두 안내하였다. 그러나 남녀가 유별한 유교사상으로 인해 안채는 안내하지 않았다. 이후 한국전쟁 때 국왕은 한국에 가는 간호장교에게 경주 교촌을 방문하여 못 본 안채를 사진 촬영해 오도록 명했다. 실제로 1951년 수 명의 스웨덴 간호장교가 교촌마을을 방문하여 안채 사진을 빠짐없이 촬영하여 국왕에게 보고했다는 이야기가 전해진다.

그리고 스웨덴 국왕이 된 황태자는 그때 머물렀던 고분 근처 한 양반 집안의 사랑채를 잊을 수 없었다. 그것은 아담하고 운치 있는 건물, 향긋한 내음의 법주法酒, 금빛 나는 놋그릇에 담겨 나온 정갈한 음식 등이다. 누군가 스웨덴을 방문했을 때 그는 "경주 최씨네 사랑채에는 지금도 사람이 많은가요?"라고 물었다고 한다.

널리 잘 알려진 바와 같이 교동 경주최씨는 9대 진사, 10대 만석꾼인 최부잣집이다. 이조리의 종가보다 오히려 더 많은 사람들에게 알려져 있다고 해도 과언이 아니다. 교동 최씨 가계는 이렇듯 고택도 잘 알려져 있지만, 무엇보다 노블레스 오블리주를 실천한 가문으로도 유명하다. 노블레스 오블리주는 프랑스어로서 '가진 자의 도덕적 의무', 즉 높은 사회적 신분에 상응하는 도덕적 의무를 뜻하는 말이다. 이 말은 귀족의 역사가 긴 유럽 사회에서 유래되었고, 초기 로마시대에 왕과 귀족들이 보여 준 투철

한 도덕의식과 솔선수범하는 공공정신에서 비롯되었으며 오늘날 유럽 사회 상류층의 의식과 행동을 지탱해 온 정신적인 뿌리라고 할 수 있다. 어떻게 교동의 최씨 가문이 노블레스 오블리주를 실천하였을까?

교동의 경주최씨는 정무공의 셋째 아들인 최동량의 동파에 해당한다. 교동 가계는 동파 주손인 최동량의 손자 대에서 분가하게 된다. 즉 최진립에서 분가한 최동량의 장남 최국선은 장남 최인기, 차남 최의기, 삼남 최성기를 두었다. 차남인 최의기가 큰집에서 분가하여 최승열, 최종율, 최언경으로 이어지는 4대가 이조리에서 거주하다가 최언경 대에 교동으로 이주하여 그 후손들이 교촌에 정착하며서 교촌 최부자라 지칭하게 된다.

교동 최부자는 최진립과 그의 아들 최동량이 세운 기틀에서 최국선으로부터 시작하여 최의기, 최승열, 최종율, 최언경, 최기영, 최세린, 최만희, 최현식에 이어 10대인 최준에 이르러 드디어 부자의 막을 내린다. 최부잣집을 칭할 때 10대 만석꾼, 12대 만석꾼이라고 부르는데, 12대라고 하면 최진립부터 보는 것이고 10대라고 하면 최국선 때부터라고 보는 것이다. 최부자의 만석 재산 형성과 누대에 걸친 재산 유지는 갑자기 이루어진 것이 아니며, 선대부터 실천했던 예의염치와 근검절약정신의 바탕 위에 청렴과 아랫사람을 배려하는 애민정신을 후손들이 실천하면서 이어져 왔기에 가능하였다.

최진립의 셋째 아들 최동량은 앞서 언급한 바와 같이 성품이 강직 명랑하고 신의가 두텁고 효행과 형제간의 우애가 두터웠다. 특히 최진립 임지에 따라 다니면서 견문을 넓혔고, 최진립이 가사일을 그에게 모두 맡겼다. 그는 경주에 이앙법을 처음 전파했으며 보와 도랑 신설 등 치수와 개간으로 농업을 장려해 부의 토대를 이루게 되었다. 그는 인륜의 도리, 효도, 나라에 충성, 가정을 잘 다스리는 내용, 형제간의 우애, 벗과의 신의, 여색의 경계, 농업과 잠업 등 경제에 관한 내용 및 경학에 힘쓸 것 등 자손들을 훈계하는 「가거십훈」을 지어 후손들에게 처신과 몸가짐 및 경제관념에 대해 강조하는 등 재산 형성의 기틀을 다지게 된다.

최동량의 네 아들 중 장남인 사옹원참봉 최국선(1631~1682)은 성품이 곧고 가식 없이 의연하였으며, 조상 섬김과 사람을 대하는 데 성심을 다했다. 흉년이 드는 등 어려웠을 때는 치소에 관계없이 구휼하였다. 선대의 농업 장려를 계승해 버려진 땅을 더욱 많이 개간해 옥토로 만드는 등 재산을 많이 늘렸다. 그러나 만년에는 더 많은 재산을 모으려 하지 않고 친척과 향리의 어려운 사람들을 위해 썼다. 그는 돈을 빌려 주고 담보로 받은 문서가 서랍에 가득하였으나 갚지 못해도 독촉하는 법이 없었고, 노년에 병석에 누워서는 반드시 받기 위해 빌려 준 것이 아니라면서 담보로 받은 문서를 모두 불태워 없애는 등 경제력이 없는 사람에게는 관대하였다. 흉년에는 동네 어귀에 대형 가마솥을 여러 개 걸어 놓고 죽을 끓여서 빈민을 구제하였다. 겨울에는 옷을 지어 입혀 주는 등 '흉년이 들었을 때는 사방 백 리 이내 굶어 죽는 사람이 없게 하라'는 신념으로 가난한 사람들을 구휼하면서 많은 온정을 베풀었다.

최동량의 장남인 최국선 대에 세 아들 중 차남인 최의기(1653~1722)가 분가하면서 교촌계로 나누어지게 된다. 분가해 몇 대를 이조에서 거주하다가 교촌으로 이주하면서 선대에서 행한 선행을 바탕으로 분수와 근검절약 정신을 후대에 계속해서 실천함으로써 재산이 더욱 늘었다. 그러나 부를 축적하는 데도 절제와 배려가 있어 일정 수준 이상 되었을 때는 소작인의 세를 감면하였으며, 흉년에는 재산을 늘리지 않는 등 재산 증식에 나름대로의 기준이 있었다. 흉년이 들었을 때는 사재를 내어 가난한 사람들을 구휼하였으며, 물건을 살 때는 제값을 정당히 다 주었다. 비록 가난하지만 인재가 있을 때는 남모르게 후원하는 등 베푸는 것으로 가사를 경영하였다. 또한 독자나 형제만 두는 등 몇 대에 걸쳐 자손이 적은 것도 재산 보전의 원인이 되었다.

그리고 과거를 보되 진사 이상은 보지 않는 등 최소한의 입신으로 만족하였고, 매사에 절제와 겸손이 따랐다. 근검절약하는 생활과 아랫사람과 가난한 사람을 배려하는 마음, 처신해야 하는 도리와 마음가짐 등이 만석 재산이 누대에 걸쳐 존속할 수 있었던 잠재력이 되었던 것이다. 교촌의 마지막 주손이었던 참봉 최준은 4형제의 장남으로, 독립운동과 교육사업 등에 투신하였는데 그의 활동상황은 앞서 언급하였다.

이같이 최진립의 셋째 아들 후손들은 교동에서 만석이라는 재산을 유지하면서 인근 주민의 존경을 받았다. 최진립의 철학과 사상이 후손들에게 심어지고 청백리정신과 근검절약, 부의 사회 환원을 실천해 왔다. 그 증거로 손자 최국선 대에 성문화되어 근 400여 년 동안 내려오는 가훈인 「육훈」이 있다. 이미 잘 알려진 것이지만 이것을 다시 제시하면 다음과 같다.

과거를 보되 진사 이상 벼슬을 하지 마라.

만석 이상의 재산은 사회에 환원하라.

흉년기에 땅을 늘리지 마라.

과객을 후하게 대접하라.

주변 100리 안에 굶어 죽는 사람이 없게 하라.

시집 온 며느리는 3년간 무명옷을 입어라.

한편 언제부터인지는 분명하지 않지만 경주 최부잣집에는 선조 때부터 내려오는 또 하나의 유훈으로 수신을 위한 「육연」이 있다. 이것은 중국 명나라 말기의 학자 육상객陸湘客이 지었다는 설도 있고 최후거崔後渠가 지었다는 설도 있으나 확인하기 어렵다. 「육연」은 사람이 어떤 상황에 처했을 때 가져야 할 올바른 자세를 구체적으로 제시한 여섯 가지 행동적 교훈이라 할 수 있다.

이 「육연」의 내용을 자세히 보면 인간이 어떤 상황에 처했을 때 할 수 있는 구체적 행동 방법을 잘 나타내 주고 있음을 알 수 있다. 사람들이 처할 수 있는 상황을, 혼자 있을 때(自處), 대인관계를 가질 때(對人), 특별한 일이 없을 때(無事), 특별한 일이 일어날 때(有事) 그리고 이러한 특별한 일로 인해 결과가 좋을 때(得意)와 나쁠 때(失意)의 여섯 가지 정도로 나누어 보는 것이다. 「육연」은 이러한 상황에서 취해야 할 행동 요령을 제시한다. 그것은 다음과 같다.

自處超然: 고요하게 있을 때는 초연하라.

對人靄然: 사람을 만날 때는 평화로운 마음으로 만나라.

無事澄然: 큰일이 없을 때는 물이 맑듯 고요하고 투명해야 한다.

有事敢然: 결정을 해야 할 때는 과감하게 실행하라.

得意淡然: 뜻을 얻었어도 담담하게 처신하라.

失意泰然: 뜻을 잃었어도 태연하게 처신하라.

최부잣집의 사랑채에는 「육연」을 쓴 액자가 걸려 있고, 그 집안의 어린아이들은 한 달에 한 번씩 이 육연을 써서 아버지에게 보이고 뜻을 새겨야 했다. 이렇게 어릴 때부터 철저히 교육하여 생활화함으로써 항상 최선의 길을 갈 수 있도록 가르치는 것이다. 이것이 최부잣집 사람들이 매사에 실수하지 않고 최선의 행동을 할 수 있도록 한 또 하나의 가르침이었다.

제3장 고문헌의 전승과 그 내용

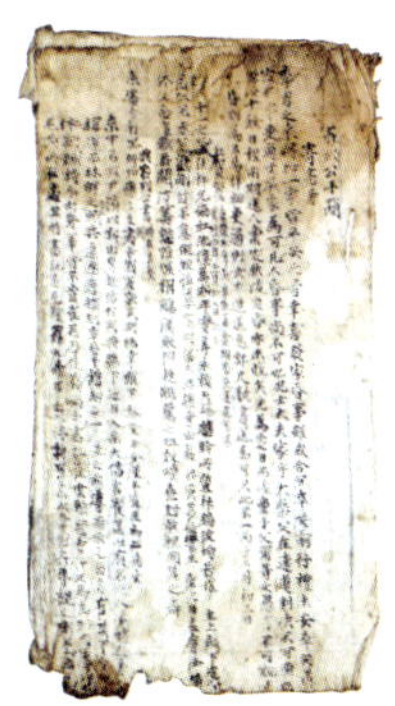

고문서는 당시 사람들의 생활모습을 가장 잘 보여 주는 살아 있는 자료이다. 따라서 역사적 사료로서 그 가치는 매우 높다고 할 수 있겠다. 필자가 발굴하여 정리한 경주최씨 가문의 고문서는 종가와 3파인 동파(교동 최부자), 그리고 용산서원에 소장된 문서로, 약 3,500여 점에 이를 정도로 방대하다. 구체적인 내용을 고문서의 형태별로 분류해서 살펴보면 교령류敎令類가 총 35점, 소疏 · 차箚 · 계啓 · 장류狀類가 6종 211점, 첩帖 · 관關 · 통보류通報類는 총 302점, 증빙류證憑類는 10종 107점, 명문明文 · 문기류文記類는 7종 349점 등이 있다. 그 가운데 첩 · 관 · 통보류는 현재까지 발굴된 문중 단위의 문서 가운데서 가장 많은 양이다. 또한 간찰, 통문通文 · 회문回文, 치부置簿 · 기록류記錄類, 시문류詩文類 등 분량과 종류 면에서 상당하다.

이렇듯 경주최씨 전승 고문서는 종가 문서, 지파의 문서, 서원 문서뿐 아니라 문중계 자료, 동약, 향약자료 등 지역사회 관련 문서가 함께 있어 사회사 · 경제사 연구에 중요한 가치가 있다. 이들 문서들은 종가와 용산서원을 중심으로 최진립의 후손들인 5파가 그들의 조직을 만들고 서로 협조하며 생활하는 모습들을 잘 보여 주고 있으며 서로 간에 모두 연결되어 있다.

최진립 관련 자료와 동파 후손이 소장한 자료를 제외한 자료는 모두 용산서원에서 발견한 것이다. 용산서원의 이 방대한 고문서는 필자가 서원 부속건물인 고직사에서 처음 찾아내어 정리하였다. 찾아냈을 당시 모든 것이 뒤섞여 있었고 보관 상태도 엉망이었으나 놀랍게도 장기간에 걸친 이 자료는 별로 흩어지지 않은 채 전승되었다. 그 결과 다양한 연구가 나올 수 있었다. 비록 이것이 한국학중앙연구원에서 출간되었으나 이 시점에서 이 고문서의 수집 경위 및 과정, 보존에 대한 내용을 증언하는 것은 후일의 연구를 위하여 반드시 필요할 것이다.

1990년 2월에 필자는 석사학위논문을 준비하는 과정에서 복사본인 『이조동안』이라는 자료를 보게 되었다. 이 동안洞案은 동아대학교 박물관으로 골동품상이 갖고 온 것인데 당시 심봉근 박물관장은 이것을 복사하여 사학과 이훈상 교수에게 연구 자료로 건넸으며 다시 필자는 이것을 토대로 이조지역을 연구하기 시작한 것이다. 이미 필자는 그 전에 인양에 대한 현지 조사와 고문서 발굴 등을 광범위하게 수행한 바 있다. 처음에는 이조가 어느 지역인지조차 알 수 없었으나 그 후 이곳이 바로 언양과 맞닿은 경주지역이고 경주 남산의 서녘에 자리 잡은 마을이라는 사실을 알 수 있었다. 이것이 바로 필자가 용산서원의 고문서를 발굴하고 정리하게 된 직접적인 계기였다.

그리하여 이 지역의 답사를 위하여 준비하던 중 때마침 외지에 오랫동안 계시다가 경주로 막 돌아온 종손 최채량 선생과 연락이 되었고 이조에서 만났다. 그 뒤 몇 차례 이조를 방문하여 종손과 가문에 대한 내력과 구전, 그리고 용산서원에 대해 이야기를 나누었다. 다른 가문을 보면 대부분 종가에 고문서가 남아 있지만, 최씨 종가에는 고문서가 거의 남아 있지 않았다. 종손은 이전에는 많았는데 거의 모두 없어졌다고 하면서, 특히 한국전쟁 때에 많은 양의 문서들이 소실되었다고 하였다. 현재 남아 있는 것은 한적漢籍이었다. 당시 여러 차례에 걸친 조사에도 불구하고 집안에서 고문서를 찾을 수 없었다.

그 후 1990년 10월에 다시 이조를 답사하면서, 이번에는 용산서원을 집중적으로 조사하기로 하였다. 이야기에 의하면 이곳에도 아무런 문서나 서책이 없고, 이미 고문서 연구자들이 이곳을 방문한 적도 있었으나 아무것도 찾지 못했다고 한다. 그리하여 용산서원에도 고문헌이 보전되어 있지 않을 것이라고 생각하면서도 일단 다시 조사하기로 한 것이다. 역시 생각과 마찬가지로 서원의 내부를 조사하였지만 고문서를 발견하지는 못하였다.

그리하여 서원에서 나오는데 마침 서원의 부속건물이 눈에 띄어 종손에게 그 용도를 물었더니 "그곳은 서원을 관리하는 사람이 기거하는 곳이다"라고 하였다. 혹시나 하는 마음에 그곳의 방에 들어가 보니 다락방이 하나 있었다. 종손은, 다락방은 서원의 행사 때에 사용하는 물건을 보관하는 곳이라고 하면서 고문서는 없을 것이라고 하였다. 그래도 필자는 이곳을 조사하고 싶었다. 그래서 다락방을 열어 보았는데, 뜻밖에도 거기에서 고문서가 들어 있는 나무상자와 광주리를 발견한 것이다.

당시의 흥분은 지금도 생생하다. 필자는 종손과 함께 발견한 고문서를 검토하면서 오랜 시간을 보냈다. 이리하여 어둠 속에 묻혀 있던 용산서원 소장의 고문서가 빛을 보게 된 것이다. 문서의 양만 놓고 보면 당시 발굴된 다양한 기관이나 가문의 문서들과 비교할 때 옥산서원 다음으로 많은 양이다.

필자는 종손의 허락을 얻어 이때 발견한 고문서를 빌려 정리하기 시작했다. 발견 당시 용산서원 소장 고문서는 상태가 매우 좋지 못하였다. 문서가 만들어진 시기에 따라 차곡차곡 정리된 것이 아니고, 일정한 순서 없이 얽히고설킨 채로 있었다. 나무상자와 광주리에 담긴 이들 문서들은 그 대부분이 쥐똥과 함께 뒤섞여 있었다. 어떤 고문서는 벌레가 갉아먹기까지 하였다. 또한 표면에는 별 이상이 없던 고문서도 안을 펼치사 심하세 훼손되어 있었다.

필자는 이런 상태의 고문서에서 먼저 먼지를 떨어내고 이물질을 제거하는 작업부터 시작하였다. 그리고 이어서 구겨진 문서들 하나하나를 조심스럽게 다림질을 해서 펴 나갔다. 이러한 작업 과정에서 항상 가장 중요하게 고려한 점이 문서의 원형을 보존한다는 것이었다. 그래서 고문서가 발견된 당시의 상태도 염두에 두었다. 가령 발견 당시 고문서들이 어떤 봉투에 들어 있었다면, 이들 문서를 정리한 뒤에도 반드시 원래 상태대로 하였다.

이러한 과정을 통하여 일차적인 정리 작업이 끝나자, 다음에는 정리한 고문서의 목록 작성과 함께 이를 모두 복사하였다. 복사 작업은 일차적으로는 연구에 이용하려는 목적에 있었다. 그렇지만 고문서를 민간 차원에서 보관하다가 도난 · 화재 등으로 잃어버릴 염려에 대비하기 위한 것이기도 하였다. 물론 복사 과정에서도 고문서의 원형을 잃지 않도록 하고 아울러 훼손되지 않도록 주의하였다. 이 작업을 연구소의 작업으로 수행한 것도 아니고 예산이 있어서 주위의 도움을 받을 수 있는 것도 아니었으므로 이 모든 작업을 필자가 혼자서 수행하여야 했다. 결국 정리하고 복사하는 데에만 꼬박 6개월이 넘는 기간이 소요되었다.

이후 종손이 필자를 문중의 관계자들에게 소개해 주어 경주 최부잣집으로 알려진 최씨 가문의 동파에도 고문서가 있다는 정보를 들을 수 있었고, 아울러 종손의 도움으로 그 문서도 찾아냈다. 그 고문서들은 이조 최씨의 가문에 관한 것들이었다. 이들 문서도 모두 정리하고 복사하였다. 한편 최씨 가문에서 소장한 한적도 약 2,000여 점으로 적지 않은 분량이다. 필자는 종가에 기거하면서 장기간에 걸쳐 조사하고 정리하였는데, 이것은 그 후 1,000여 점 정도를 도둑맞았다. 연구에는 활용하지 못하고 있으나 당시 목록을 작성하였다.

용산서원에서 발견된 고문서와 종가 소장 한적은 충의당 안에 경모각을 만들어 보관하다가 한국학중앙연구원에서 가져간 후 다시 이곳에 위탁하는 절차를 밟아서 보관하고 있다. 필자는 이들 문서를 토대로 1994년에 「조선후기 경주 용산서원의 경제 기반과 지역민 지배－이조伊助 최씨崔氏 가문과 용산서원龍山書院 소장 고문서를 중심으로」라는 제명의 논문을 출간하였는데, 이것을 계기로 다른 연구자들도 이 문서의 존재를 알게 되어 그 후 연구들이 나오기 시작했다.

정리한 문서들은 이들을 집성하여 출간하려 했으나 출간비를 마련하기 어려운 상황에서 뒤늦게 한국학중앙연구원에서 필자가 정리한 것을 출간하여 많은 연구자들이 그 성과를 공유할 수 있게 되었다. 이러한 점에서 최씨 가문 전승의 문서들에 대한 일련의 발굴과 장기간에 걸친 정리 작업은 소중한 의미를 갖고 있으며 만약 이것이 발굴되지 않았다면 최부잣집을 둘러싼 논의들은 단순히 일화나 전승에 그쳤을 것이다.

그 후 다양한 현지 조사와 고문헌 조사 및 발굴 그리고 정리 작업을 경상도 일원으로 확장하였는데, 이 역시 사실상 개인의 노력으로 이루어진 만큼 매우 어려운 과정이었다. 특히 그 대상이 잘 알려진 집단이나 기관이 아닌 만큼 그 어려움은 상상을 넘어선다. 성과를 곧 내야 하는 각 연구 기관들로서는 생각하기 쉽지 않은 대상들을 선정한 셈인데 필자가 이러한 작업들을 수행할 수 있었던 추진력은 아마도 경주최씨 고문서 조사 및 발굴에서 얻어진 경험이 기초가 되었다고 믿고 싶다. 이러한 점에서 최씨 가문 전승의 문서들의 발굴과 조사 그리고 정리 작업은 단순한 개인의 행적을 넘어서서 학계에도 작지만 소중한 의미를 갖는 셈이다. 이러한 전제 아래 최진립과 관련한 고문서와 유물, 그리고 용산서원 소장 고문서에 대하여 필자가 논의한 것을 다시 재정리하면 다음과 같다.

1. 최진립 관련 유물과 고문서

1) 고문서

최진립과 관련하여 먼저 고신告身, 홍패紅牌, 녹표祿標 등이 있다. 이 가운데 교서敎書는 1633년(인조 11) 최진립이 경기수군절도사 겸 교동도호부사, 경기 · 공청(충청) · 황해도 등 수군통제사로 있을 때 왕으로부터 받은 것이다. 이 교서에는 선박을 통한 해전 및 해안 방어에 대한 인조의 특별한 당부가 실려 있다. 그리고 고신告身은 대부분 최진립이 대소大小 관직을 역임하면서 받은 사령장으로, 1583년 군자감봉사軍資監奉事, 1593년 병절교위부장秉節校尉部將, 1594년 군자감부정軍資監副正의 고신이다. 이는 최진립

최진립 해유문서 1633년(인조 11)(한국학중앙연구원 소장)

이 관직에 나아가는 모습을 잘 보여 준다. 녹표祿標는 최진립이 종2품관인 가선대부행의흥위부사정嘉善大夫行義興衛副司正으로서 녹봉을 인수할 수 있는 증표이다.

최진립은 1594년(선조 27) 27세 때 무과武科에 급제하는데, 이와 관련한 무과 홍패 교지가 있다. 1594년 당시 현직 부장部將으로 근무하고 있으면서 과거에 응시하여 무과의 병과 제269인으로 급제하였다. 통상적으로 문무관은 33인을 정원으로 선발하지만 당시에는 임진왜란 중이라 군사적인 수요에 의해 무과 인원을 증원시켜 선발하였다. 붉은색 혹은 황색으로 물들인 종이에 만들어 주는 것으로 원래 명칭은 교지이다.

그리고 최진립이 1633년(인조 11) 경기도수군절도사를 마치면서 병조와 이조로부터 확인받은 업무 인수인계 문서인 해유문서가 남아 있다. 여기에서는 재직 기간에 왜적의 침입이 없었고, 소속부대 전선戰船의 무기에 이상이 없음을 밝혔다.

한편 최진립이 죽은 지 16년 뒤인 1651년(효종 2) 국가에서 증직과 시호를 내리는 교지가 있다. 최진립을 통칭하는 정무공도 바로 이 시호에 의거한 것이다. 이 문서는 발행 시기를 나타내는 연도 표시에 일반적인 것과 달리 중국의 연호 없이 간지만을 기재하였다. 신묘년은 효종 2년인데 이 시기는 병자호란 이후 청나라 연호를 쓰지 않는 시기였다. 이는 조선 정부가 병자호란 이후 청나라에 대해 적대적 감정을 가지고 있었던 의식을 대변하는 것이다.

이와 함께 1638년(인조 16) 인조가 정무공 최진립의 향사 때에 제문을 내려 그의 생전의 공적을 기리고 치하하는 문서인 치제문이 있다. 왕을 대신해 예조정랑 이여익이 파견되어 제사에 참여하여 제문을 읽었다. 이 제문을 낭독할 당시의 구두점이 선명하게 나타나 있다. 인조는 최진립이 동국의 인걸이며 병자호란 당시 참진하여 이에 한 발자국도 후퇴하지 않은 용맹함을 치하하였다.

최진립의 나라에 대한 임무와 이에 관한 국왕의 인정에 대한 문서 외에 그의 가족과 관련한 문서들도 남아 있다. 1636년(인조 14) 최진립이 아들 최동량과 며느리 웅천주씨에게 손녀의 혼사에 관한 내용을 적어 보낸 편지이다. 혼사 일자 및 혼수품인 장옷의 제작을 위해 치수를 재어 보내는 일, 그리고 병자호란 중 피란 등에 관한 일들을 지시하는 내용이다. 이 편지 뒷부분에는 한글 편지가 첨부되어 있다. 그 가운데 최진립이 가장으로서의 인간적인 면모를 보여 주는 한글 편지를 보자.

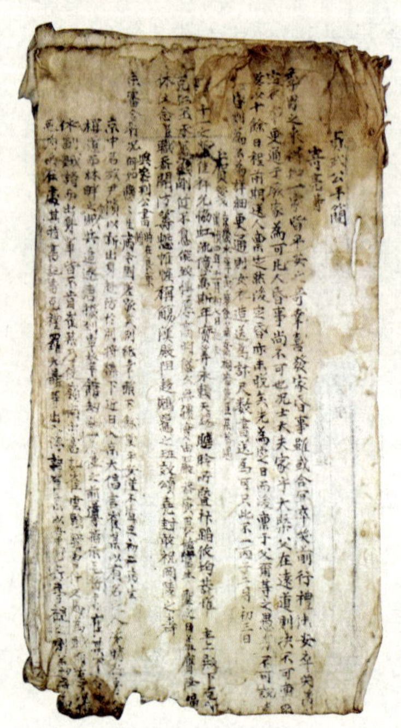

정무공 수간(한국학중앙연구원 소장)

그 아긔(아기) 댱옷(장옷)ᄉᆞᆯ 지어 주고져 ᄒᆞ니 기리(길이)ᄅᆞᆯ ᄌᆞ셰(仔細) 견후어 보내라 ᄯᅩ 이제ᄂᆞᆫ 겸(사람 이름)이 다티나시니(다쳤으니) 그 간사(幹事) ᄒᆞᆫ 걸구미(노비 이름인 듯함) ᄃᆞ리고 녀름지이(농사짓기) 몯ᄒᆞᆯ 거시니 뒤 큰 논을난 죵들 논화지에 주고 지븨ᄃᆞ린 아ᄒᆡ들란 뒤바티나 지으라 여 니르고 녜 누의ᄃᆞ려도 그리 니ᄅᆞ라 슌싱(노비 이름) 이 올라올제 지븨ᄒᆞᄂᆞᆫ 이른ᄌᆞ셔히 뎌거 보내라 시절도 아몰ᄒᆞᆯ 줄 모ᄅᆞ니 힝혀 피란이나 ᄒᆞ게 되거ᄃᆞᆫ 얼운 죵들 ᄌᆞ셰 시겨 네 누의ᄒᆞ며 발(집안 아이의 이름인 듯함)의 집 아ᄒᆡ돌ᄒᆞ며 임서 모셔 달랄줄□ □ 교슈(教授) □라□ □

(번역: 그 아기 장옷을 지어 주고자 하니 길이를 자세히 견주어 보내라. 또 이제 어려운 지경을 다 보냈으니 그 간수看守한 땅을 구미(종의 이름)를 데리고는 농사짓기를 하지 못할 것이니, 뒤의 큰 논은 종들에게 나누어 짓게 주고 집에서 데리고 있는 아이들은 뒷밭이나 지어라 이르고, 너의 누이에게도 그렇게

일러라. 순생이 올라올 때에 집에서 하는 일을 자세히 적어 보내라. 시절도 어떻게 될지 모르니 행여 피난이나 하게 되거든 어른 종들에게 자세히 시켜, 너의 누이와 발發의 집 아이들을 힘써 모셔 다니도록 가르쳐라. 병자丙子(1636) 2월 초삼일 아버지가.)

이 내용은 한문 편지와 상당 부분 중첩되어 있어 수신자가 한문 해독이 어려운 부인, 여기서는 최동량의 부인 웅천주씨로 추정된다. 또 한글 편지에는 노비를 통한 집안의 농작에 관한 내용이 있어 역사 연구에도 귀중한 자료가 된다.

최씨 가문은 정무공 당대부터 수많은 전답과 노비를 소유한 부자였다. 이는 1620년(광해 12)의 재산상속문서를 통해 알 수 있다. 최진립이 소유했던 노비를 최동윤 등 그의 자녀 6남매에게 나누어 준 재산상속문서는 1620년 당시 최진립이 경원도호부사 겸 병마절제사로 지낼 때 자녀들에게 직접 상속한 내용을 기재한 것이다. 하지만 1665년에 이 분재기가 명화적 떼에 의하여 망실되자 생존한 자손들이 다시 작성하였다. 이 문서는 후대에 작성된 것이지만 최진립 당대의 분재에 대한 유언遺言, 노비 소유 규모를 살펴볼 수 있는데, 17세기 초엽 당시 최진립은 노비 53명이 있었다.

2) 유물

최진립과 관련하여 현재 남아 있는 유물은 지휘도, 각대角帶, 호패, 갓끈, 나막신 등이 있다. 지휘도(1592~1636년, 칼 길이 85cm, 자루 길이 15cm)는 최진립이 임진왜란과 병자호란 당시에 군사를 지휘할 때 사용한 칼이다. 특히 최진립이 병자호란 당시 지휘관인 영장營將을 지냈으므로 주로 그 당시에 사용된 것으로 보인다. 무관의 칼은 전쟁을 수행할 당시 직접 사용했던 살상용 군도軍刀와 명령 수행을 위한 지휘도로 구분된다. 이 칼은 길이나 문양 등으로 보아 지휘용으로 사용된 것이라고 판단된다. 임란 때 장군들이 직접 사용했던 칼 중 현존하는 것은 흔치 않다. 임란 당시의 것으로는 충무공 이순신 장군의 칼, 최경회 장군의 칼, 그리고 학봉 김성일의 칼 등이 손꼽히는 정도이다.

각대角帶(1630년대, 길이 86cm)는 정무공이 관직을 역임할 때 관복에 착용하던 것이다. 대帶는 의복의 허리에 두르는 끈이지만, 관직의 높낮이에 따라 재료와 명칭이 다르다. 최진립은 1630년(인조 8)에 가선대부 행 경기수군절도사에 제수되었다. 수군절도사는 3품의 직책이고 가선대부는 종2품의 품계이다. 이 각대는 가선대부의 품계에 따라 제작된 것이다. 따라서 이 각대는 최진립이 1630년 이후 병자호란(1636)으로 세상을 뜨기까지 착용하였던 것으로 추정된다. 최진립의 관직자로서의 위상을 보여 주는 유품의 하나이다.

그리고 최진립이 사용하던 호패(17세기 전반, 길이 8cm 2.5cm)가 남아 있다. 조선시대 호패는 신분과 과거 및 관직을 표시하여 신분 확인, 과거시험, 민원, 재판 등 공적인 활동을 증명하는 자료로 사용되었다. 정무공 호패는 앞면에 출생연도(무오: 1558)와 무과 급제한 시기(갑오: 1594)가 표시되어 있다. 고위 관원만이 찰 수 있는 상아 호패이다. 또한 갓끈(17세기 전반, 길이 78cm)은 정무공이 갓을 매는 데 사용하던 끈이다. 갓끈은 조선시대 남성들이 가슴 밑으로 길게 늘어뜨려 멋을 내는 주요한 장식품이다. 조선시대에는 신분이나 관직의 높낮이에 따라 재료와 색깔 등이 달랐다. 정무공의 갓끈은 타원형의 붉은 구슬로 만들어졌으며 보존 상태가 비교적 양호하다. 정무공이 정2품 가선대부의 품계에 올랐을 때 사용한 것으로 보인다.

이와 함께 최진립이 신었던 신발인 나막신(17세기 전반, 높이 11.3cm, 길이 27cm)도 있다. 재료는 목재이며, 비 오는 날 신체나 옷감이 빗물에 젖지 않도록 하기 위해 굽을 높게 제작하였다. 정무공의 나막신은 매우 가벼운 것으로 보아 재질은 오동나무로 여겨진다. 제작 시기가 400년에 가까워 마모된 부분이 많다. 이러한 최진립의 유물을 통해 그가 전쟁에 나아갔을 때의 모습과 일상적인 모습을 동시에 볼 수 있다.

2. 용산서원 고문서의 내용과 그 특징

용산서원龍山書院은 경주군 내남면에 위치하며 이조 최씨 가문의 입향조인 최진립崔震立을 제향하고 있다. 용산서원은 1695년(숙종 21)에 사림들이 뜻을 모아 경주부의 북쪽 섭평에 건립하려 했다. 그런데 흉년으로 완성하지 못하고, 1698년에 화재로 타 버렸다. 당시 사우의 창건을 발의한 주체는 남면의 사족들이 결성한 면약조직面約組織이었다. 그 후 1699년에 진사 이게와 선비 임지중이 의논하여 용산에 사우를 건립하였다. 당시의 중심인물인 이게는 경주이씨 출신으로 이조 최씨 가문의 사위이다.

이렇듯 경주 전체의 사족, 그중에서도 남면의 면약조직이 사우의 창립을 주도하였는데, 그 외에 지방관의 도움도 받았다.

1700년에 사우를 완성하여 위판을 봉안하는 과정에서 부윤 이형상이 협력하였고, 이후 경상도감사인 이세재李世載와 부윤 한명상도 서원의 기반을 닦는 데 도움을 주었다. 그 후 용산서원이 1710년에 숭렬사崇烈祠로 사액을 받게 되자 경상도의 사림들이 용산서원으로 명명하기로 결정하였다.

용산서원의 발전 초기에는 다양한 곳으로부터 협조를 받았다. 서원의 설립 초기에는 최씨 일문뿐 아니라, 지방관 및 향청, 질청 등을 포함한 지역 관아의 각종 조직, 각 면 약소, 향청, 각 촌락 등도 협조하였다. 그뿐 아니라 경상도 각 군현의 향교와 인근 군현 소재 서원도 협조하였다. 요컨대 용산서원은 경주부 관아 및 사족 전체의 후원 및 관심 아래 설립되었던 것이다.

용산서원 소장 고문서 가운데 서원 관련 고문서는 거의 대부분 완벽하게 보관되어 있다. 용산서원에 소장된 고문서는 현재 확인된 다른 서원과 비교해 볼 때 양과 종류 면에서 비교적 풍부하다고 하겠다. 따라서 이들 고문서를 통하여 당시 용산서원의 실상을 구체적으로 파악할 수 있다. 특히 용산서원에는 고문서로 내용이 남아 있지 않거나 서원지書院誌에 등재되지 않은 내용이 『고왕록考往錄』 등 일지에 대부분 충실하게 정리되어 있어, 그 가치가 더욱 크다.

현재까지 발굴된 서원 관련 고문서와 용산서원 소장 고문서를 비교할 때 고문서 자체로는 다음과 같은 종류를 공통적으로 찾아볼 수 있다. 즉 서원 자체의 조직과 관련된 유안儒案, 원생안院生案, 재임안齋任案(有司案), 『고왕록考往錄』, 『심원록尋院錄』, 양역良役 관계 자료, 『원납문願納文』, 액외원안額外院案, 완의절목完議節目, 서원규약書院規約 등과 향촌 질서의 운영 및 유지와 관련된 자료인 통문通文(당쟁, 동학, 사건, 의병)이 찾아진다. 다음으로 서원의 경제 자료로 전답안田畓案, 노비안奴婢案, 액외원생額外院生, 원보안院保案 등이 있다. 또한 전답 경영과 관련해서는 추수기秋收記, 노비와 관련해서는 노비안奴婢案, 신공안身貢案 등이 있다. 건립이나 중건, 보수, 이건과 관련하여 『전여기傳與記』와 『영건일기營建日記』 등도 공통적으로 찾아진다. 물론 용산서원 소장 고문서도 다른 서원에서 소장하고 있는 것과 형태면에서 큰 차이를 보이고 있지는 않다. 그렇지만 용산서원 소장 고문서는 다음과 같은 점에서 다른 서원 고문서와 변별될 수 있다.

첫째, 용산서원은 이조 최씨 가문의 입향조인 최진립을 제향하고 있다. 처음에는 최진립을 배향하는 사우祠宇로 출발하였으나 이후 사액을 받아 서원이 된다. 그렇지만 용산서원의 경우 사액은 받았으나, 도산서원이나 옥산서원 등 전국적으로 명망과 위세가 있는 서원들과 비교해 볼 때 경제 규모나 기반이 작다. 또한 용산서원은 대원군의 서원철폐 당시 훼철되었다. 이러한 용산서원의 특징은 이들이 소장한 고문서에도 잘 나타나고 있다.

전국적으로 위세나 명망이 있는 서원과 비교할 때, 용산서원의 위세나 명망은 경주부라는 특정 군현을 벗어나지 못했다. 나아가 경주최씨라는 특정 종족 조직을 배경으로 서원 소재지인 남면에 세거한 모든 사족들의 이해의 결집체가 되었다. 이러한 면에서 용산서원은 특정 군현, 그중에서도 특정 지역 단위 양반들의 지연과 혈연 기반을 동시에 반영한 당시의 일반 서원의 사례로 간주해 볼 수 있다.

요컨대 당대 전국적으로 명망과 위세를 지닌 서원의 경우 비교적 고문서가 많이 남아 있으나, 이들을 사액서원의 일반 사례로 규정하기는 어렵다. 즉 이들이 다른 서원의 모범은 되었을지언정 이를 이용한 성과로 서원 문제를 일반화하기는 어렵다고 할 수 있다. 그러므로 문서가 거의 남아 있지 않은 일반 서원의 현재 상황을 고려할 때, 문서가 비교적 완벽하게 남아 있다는 점에서 용산서원의 고문서가 주목되는 것이다.

둘째, 서원 조직과 관련한 문서뿐 아니라 이 지역 사족들의 촌락 지배를 보여 주는 각종 형태의 촌락 조직 문서, 그리고 이조최씨 친족 관련 문서 등도 함께 확인된다는 점이다. 양반들은 지역 지배 조직을 다양하게 발전시켜 왔으며, 이들은 일반적으로 중첩되고 다중화되어 있다. 그러므로 서원의 발전 역시, 이러한 다양한 형태의 지역 엘리트의 지연·혈연 조직 및 그 변화와 연관을 지어 이해해야 한다. 특히 이 가운데 사족들의 촌락 지배를 보여 주는 동안洞案, 향안鄕案, 면안面案 등이 동시에 남아 있어 매우 주목되는 것이다. 이러한 자료를 통해서 당시 사족들의 지역 지배를 살펴볼 수 있다. 다시 말해서 용산서원은 남면에 소재한 유일한 서원으로서 남면 사림들의 구심점 역할을 하였다.(여기에서의 남면은 경주부를 크게 양분했을 때의 남쪽을 말한다.)

셋째, 용산서원 소장 고문서에는 18세기 초엽에서 서원철폐 이전까지의 첩정牒呈과 서목書目 등이 방대하게 남아 있다는 점이다. 이들 고문서는 지역 관아와 서원 사림들 간의 사회적 관계 및 권력의 역학 관계를 보여 준다는 점에서 그 자료적 가치가 크다. 더욱이 이들 자료들은 사족과 지방관의 지역민 지배 방식을 보여 주는 중요한 자료들이다.

여기에서는 용산서원 소장 고문서를 내용별로 분류하여 그 특징을 살펴보고자 한다.

1) 이조 최씨 가문과 관련된 고문서

이조 최씨 가문과 관련된 고문서는 종족의 조직화, 문집, 족보, 종족조직과 서원의 경제 관계에 대한 것으로 분류해 볼 수 있다. 경주 이조 최씨 가문은 각 파의 위세를 유지하고 발전시키기 위한 노력의 일환으로 종족계를 만들었다. 구체적으로 『봉선계안奉先契案』을 보면 종가가 선조를 봉사하는 데 사용되는 용품을 계를 만들어 사용한 사실을 알 수 있다. 그리고 『문계도록門契都

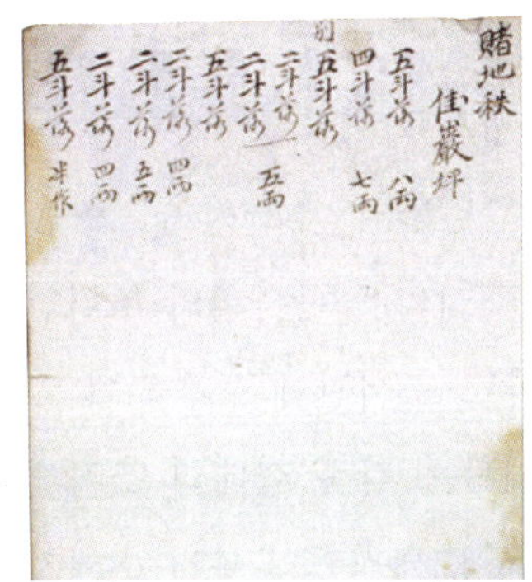

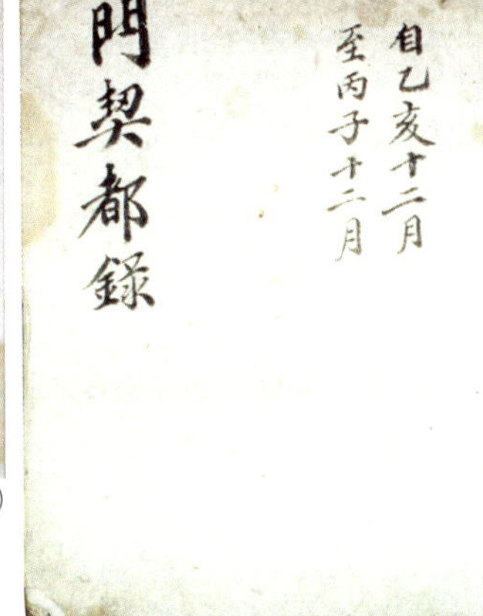

門契都錄

自乙亥十二月
至丙子十二月

『문계도록』(한국학중앙연구원 소장)

錄』은 이 가문의 위답 운영과 공동 제사에 대한 뒷받침을 문계門契의 결성을 통하여 그 기반을 항구적으로 조성한 모습을 보여 준다. 그 경비 또한 문계답을 경영하여 마련하는 등 보다 체계화하였다. 또한 각 파마다 재물계를 만들었는데 『심계心契』가 바로 그것이다. 종족의 조직화와 관련된 문서들은 양반들의 씨족 상호간의 결속과 유대를 잘 보여 준다. 이 가문은 그들의 입향조를 배향한 용산서원에도 노비와 토지를 헌납하였다. 이는 『용산서원의장답결부기龍山書院義藏畓結卜記』와 『원납문』에 잘 나타나 있다.

2) 경주 양반사회의 조직 및 운영과 관련된 고문서

용산서원에는 『경주향안慶州鄕案』, 『남면약안南面約案』, 『향음계안鄕飮契案』 등이 소장되어 있다. 이조리의 양반사회의 조직인 『이조동안伊助洞案』은 현재 가톨릭대학교 도서관에 소장되어 있다. 이들은 양반사회의 조직화를 반영하는 각종 형태의 조직체들의 자료로서 주목된다. 『이조동안』은 17세기 중반부터 18세기 후반까지 이조 최씨 가문이 중심이 되어 작성된 것이다. 『남면약안』은 17세기 중반부터 18세기 초반까지 작성된 것만 남아 있으며 경주 남면의 유력 사족을 알 수 있다. 『경주향안』은 17세기 말부터 19세기 말까지 경주지역의 양반사회를 잘 보여 준다. 현존하는 『경주향안』은 4권이 있는데, 2권은 『경주향교지』에 수록된 서문만 확인할 수 있고, 2권은 서문과 명단만 있다. 1679년의 서문을 보면 경주향안은 오래전부터 있어 왔는데 임란 때 잃어버리고 1601년에 회원들이 다시 안을 만들었다. 1601년 이후, 1601년에서 1674년 이전에 기록된 것을 합쳐 4책으로 다시 만들었는데 책자가 제대로 되어 있지 않았다. 그리하여 이조 최씨 가문의 신을파인 최국추가 종이를 사서 비단으로 장식한 뒤 1601년부터 1799년까지의 인원을 수록하여 1책으로 만들었다. 향음계안은 경주 광제원廣齊院 이남의 사족들끼리 계를 결성한 것이다. 이러한 거주지역을 중심으로 한 양반들의 각종 조직체는 자신들의 내부질서를 유지함으로써 거주지역에 대한 지배를 확보한 양상을 보여 준다.

3) 서원의 운영과 운영 집단을 보여 주는 고문서

서원의 운영과 운영 집단을 보여 주는 고문서로는 『고왕록考往錄』과 『용산서원임원명단龍山書院任員名單』이 있다. 용산서원 『고왕록』은 두 책으로 1696년부터 1744년까지, 1793년부터 1871년까지의 서원 운영과 관련되는 제반사항을 일지日誌 형식으로 적었다. 여기에는 서원 경제와 관련되는 토지, 노비뿐 아니라 서원에서 식리한 것 등 당시 서원의 상황을 세밀하게 기록하였다. 또한 서원에 현문을 기부한 사람과 그 내용도 기록하고 있다. 그러므로 서원의 전반적인 상황을 파악하는 데 중요한 것이다. 『용산서원임원명단』은 1766년에서 1844년까지의 서원의 임원 즉, 원장과 유사들의 명단을 기록해 놓은 것이다. 이 명단과 『고왕록』에 기록된 원임院任을 성씨별로 보면 서원 발전 초기 단계에는 경주부 사족 전체가 참여함을 알 수 있다. 그런데 18세기 중엽 이후에는 서원의 운영 집단이 남면 사족 중심으로 변화한다. 특히 그중에서도 경주최씨의 참여가 두드러지고 있음을 알 수 있다.

4) 서원의 경제 기반과 재정 운영 상황을 보여 주는 고문서

(1) 지역민 지배와 관련된 고문서

이와 관련한 고문서로는 『용산서원소속안龍山書院所屬案』이 있는데 이 안案들은 1762년부터 1807년 1월까지의 용산서원 소속의 양정良丁, 하전下典, 노奴의 실태를 기록해 놓은 것이다. 여기에는 이름 아래 거주지도 명기해 놓고 있으며 도망한 자도 표시를 해 놓았다. 이를 통하여 용산서원 보솔保率들이 계속 증가 추세에 있는 사실을 알 수 있다. 이렇듯 18세기 후반 이후 19세기 초반까지 용산서원의 원속院屬 실태를 잘 보여 준다.

『용산서원원생안龍山書院院生案』은 용산서원의 액외원생額外院生의 명단을 기록하여 놓은 것이다. 원생은 이미 잘 알려진 바와 같이 액내원생額內院生과 액외원생으로 구별된다. 서원의 원생은 원래 청금록靑襟錄에 들어 있어 액내, 액외의 구분이 없었다. 이러한 구별이 언제부터 생겼는지 정확히 알 수 없지만 숙종 이후의 기록에서 보인다. 액외원생의 수가 늘어나자 1711년(숙종 37)에는 사액서원의 경우 20명으로 인원을 제한하였다. 이들은 피역避役을 목적으로 서원에 입속한 자들이다. 용산서원 원생의 경우 1800년 이후 규정된 원생수보다 10명이 많은 30명을 확보하고 있었다. 또한 이 원생안에는 거주지도 나타나 있다. 이들 원생들의 거주지가 한결같이 남면 일대에 집중되어 있다. 이것은 원생이 서원의 중요한 인적 기반으로, 국가의 양역 확보 문제와 관련하여 서원의 원생 확보에 대한 관심을 잘 보여 준다.

『용산서원노비안龍山書院奴婢案』은 현재 2책이 남아 있으나 간지干支만 기록되어 있어 정확한 연대는 알기 어렵다. 다만 노비의 이름을 『고왕록』과 『소속안所屬案』에 나타난 노비명과 비교하여 18세기 후반으로 추정하였다. 거주지도 기록되어 있다. 이와 함께 『문루일기門樓日記』가 있는데 이것은 1778년 용산서원에서 청풍루의 건립 과정을 일기 형식으로 기록한 것이다. 여기에는 동원한 양정 및 하전을 기록하고 있으며, 관의 협조 사항도 보인다. 또한 10여 건의 노비명문奴婢明文도 서원에서 매득하는 노비로 『고왕록』에 기록된 내용과 일치한다.

(2) 토지 지배 및 재정 운영과 관련된 고문서

토지와 재정에 관한 문서로는 전답기와 추수기, 도록 등이 남아 있는데 이를 살펴보면 다음과 같다. 『본원경오개량전답장파등서本院庚午改量田畓長把謄書』와 『용산서원전답기龍山書院田畓記』는 1788년과 1814년의 서원의 전답을 소재지와 함께 기록한 것이다. 이 당시 서원 전답은 4결에서 6결에 이른다. 용산서원의 전답은 국가에서 규정한 면세전 3결보다 많다. 전답은 설립 초 이후 점차 확대되는데, 19세기 초엽에는 18세기 중엽 당시보다 전田은 약 3배로, 답畓은 약 2.5배로 확대된 양상을 보여 준다. 이 과정에서 최씨 문중에서 귀속시킨 문중의 의장답義藏畓은 서원 토지의 확대에 크게 기여하였다. 19세기 초엽 이후에도 답은 계속 증가 추세에 있었다. 다만 그 규모는 영남지역의 대표적인 서원인 도산서원, 옥산서원이 18세기경에 20결에서 40결 정도를 소유한 것을 고려한다면 매우 작은 편이다. 이는 사액서원으로서 군현을 넘어설 만한 위세나 영향력을 갖지 못했으나, 군현 내 특정 지역 단위의 사족들의 이해의 결집체로서 작용한 서원의 전형적인 규모는 아닐까 생각된다. 1814년 당시 서원 소유 전답은 거의 전부가 남면에 집중되어 있었다. 이는 서원 전답을 늘려 가는데 있어서, 멀리 있는 전답보다는 서원이 위치한 지역을 중심으로 토지를 집적해 나간 사실을 알 수 있다.

또한 『별치도록別置都錄』과 『별고도록別庫都錄』은 서원의 재정 운영을 보여 주는 일종의 서원 경리장부(『전여기』 또는 『도록』)로, 전체적인 면을 파악할 수 있다. 용산서원에 소장된 회계장부는 크게 별치(임시운영기금), 별고(특별정규기금), 도록(정규기금)의 셋으로 구분된다. 이 외에도 서원의 행사 때에 작성한 거접居接, 실기간역實記刊役, 신도비중수, 영액 등과 관련한 회계도록 등이 남아 있다. 이들 도록은 서원의 경제 운영과 관련되는 사항을 기록해 놓

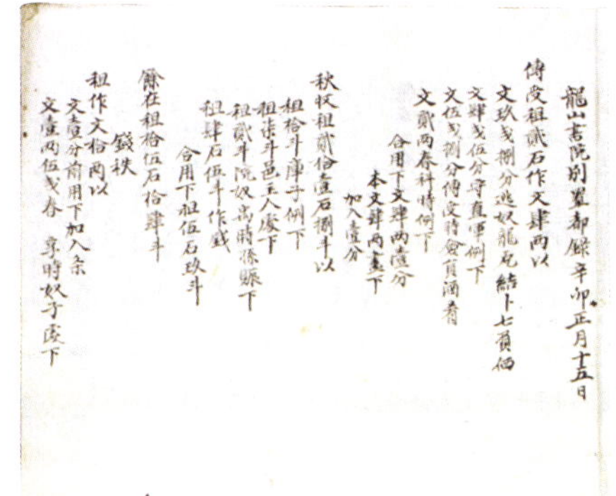
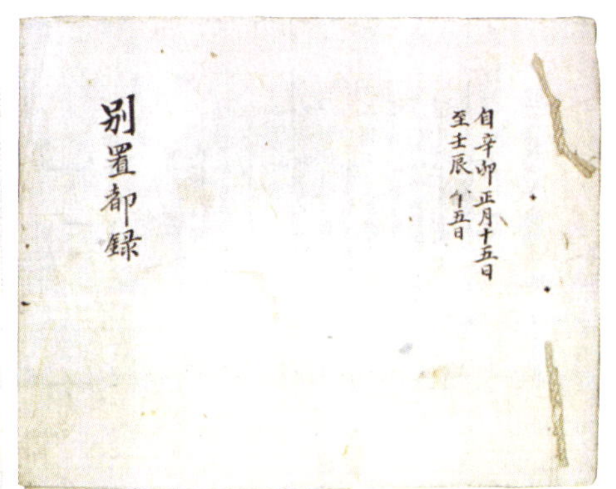

『별치도록』(한국학중앙연구원 소장)

았다. 즉 전년도에 전수받은 쌀과 돈을 기록하고 6개월 내지 1년 동안 서원에서 사용한 것을 기록하며 마지막으로 전수되는 쌀과 돈을 기록하였다. 이것은 서원의 경제 운영과 규모를 알 수 있는 중요한 자료이다. 용산서원에는 60여 권의 도록과 『전여기』가 있는데 간지干支만 나와 있고, 이를 대조하여 파악할 수 있는 단서가 없어 연대 추정이 어렵다. 연대 추정이 가능한 것은 거의 19세기 후반 이후의 것이다. 더욱이 기록 자체가 구체적이지 못하고, 작성자 및 작성 시기에 따라 기록 방식에 차이가 있다. 그러므로 재정 운영의 변동 상황의 전모를 구체적으로 파악하기 어렵다.

이와 함께 『별치추수기別置秋收記』라는 3권의 추수기가 남아 있는데 모두 울산에서 병작한 것을 거두어들인 것이다. 아울러 별치와 단소壇所에서 거두어들인 것도 남아 있다. 『전여기』는 서원의 원장 또는 유사 교체 시 신구원장과 유사가 인수인계의 절차로서 작성한 것이다. 기재 방법은 도록과 비슷하나 여기에는 서원의 모든 물품들이 기록되어 있다.

한편 『전답명문田畓明文』은 용산서원 설립 시기인 17세기 후반부터 19세기 후반까지 약 200년간의 서원의 토지거래문서이다. 이것은 서원 토지의 소재지, 매매 사유, 전답 수량 등 토지 경영의 다양한 면을 보여 준다. 이들 토지매매문서를 연대별로 분석해 보면 서원의 설립 초에는 토지매매가 적고 18세기 이후로 매매가 활발해짐을 알 수 있다. 18~19세기 용산서원 토지매매는 거의 대부분 경주에 거주하는 양반 및 양인들 사이에 이루어졌으며, 매매 대상에 오른 토지는 거의 남면에 집중되어 있다. 특히 시대가 내려올수록 서원 소재지인 남면의 토지가 압도적인 비중을 차지한다.

매매 사유는 구체적인 내용이 밝혀지지 않은 거래(要用所致)가 대부분인데, 이는 아마도 긴급한 필요에 의한 매매를 의미하는 것이라 믿어진다. 그 외에 부채나 이매移買도 주요 사유가 된다. 특히 이매의 경우, 남면 토지를 서원 소재지 부근의 토지로 바꾸는 것이어서 서원 소재지로의 토지 집중 양상이 다시 확인된다.

매매 대상에 오른 토지들은 주로 상속받았거나 매득한 사유지이지만, 위토位土가 거래 대상이 된 경우는 적었다. 한편 토지

거래문서를 통한 거래 규모는 서원 일지에서 확인되는 것보다 훨씬 크다. 밭의 매매와 관련된 거래는 거의 찾아볼 수 없는 반면, 논의 매매 규모는 매우 방대하다. 이것은 서원이 주로 논의 집적에 깊은 관심을 가진 사실을 보여 준다.

서원에서 18세기 후반 이후 토지를 방매한 사유는 주로 서원 건물과 묘우廟宇 중수重修, 실기간역 등에 사용한 빚을 갚기 위함이 많았다. 이 중 서원에서 방매하는 답은 별고답, 별치답이 많았다. 또한 최씨 가문 사람들이 답을 팔 경우 다른 곳보다 대부분 용산서원에 방매한 사실도 주목된다. 거래 관행과 관련하여 소유 주체에 대한 애매한 처리도 주목된다. 서원이 매매 주체임에도 불구하고 타인의 성명으로 처리된 것이 적지 않기 때문이다.

한편 이러한 거래 과정에서 관아와의 분규 등 문제가 전혀 보이지 않는다는 사실도 언급하지 않을 수 없다. 또한 토지 집적 과정에서 관아의 관여나 출세出稅와 관련된 관의 개입 양상도 전혀 찾아볼 수 없다. 17세기 전반에 이곳 이조의 동약이 주도하여 토지를 개간한 바 있다. 그러나 소유권 문제로 계속 분규가 일어났다. 이러한 전례를 고려할 때, 면세전 3결의 두 배 이상에 이르는 토지 집적에도 불구하고 관아의 관여나 개입이 없다는 사실은 서원 토지 집적의 상대적 안정성을 보여 준다.

5) 서원과 관, 농민과의 사회관계를 보여 주는 고문서

이 내용과 관련한 문서로는 『완문完文』, 『용산서원사림서목龍山書院士林書目』, 『용산서원재임서목龍山書院齋任書目』, 『등장等狀』, 『소지所志』, 『첩정牒呈』 등이 있다.

『완문』은 18세기 병조, 예조, 경주부윤이 용산서원에 발급한 것이다. 내용은 주로 용산서원 소속 양정良丁을 역役에서 감하라는 것과 서원 소속 사원인 안계암安溪庵의 지통紙桶을 침범하지 말라는 것이다. 이는 서원의 경제 기반과 관련한 서원 사림과 지방관아와의 관계를 잘 보여 준다. 『용산서원사림서목』과 『용산서원재임서목』은 18세기 초엽부터 19세기 중엽까지 용산서원 사림과 재임이 부윤에게 올린 것이다. 서원 원생, 양정, 완호촌 등 서원의 경제 기반과 양정, 노비 보호 등 내용이 다양하다. 이것은 서원과 지방관아, 농민과의 관계를 알 수 있는 중요한 자료이다.

용산서원에 소장된 『등장』과 『소지』는 10여 장을 제외하고는 연대가 확실하지 않다. 내용은 면세에 관한 진정 · 청원 · 소송 등 다양하다. 또한 서원 산장에게 서원 별고전에 관한 내용으로 올린 것 등도 포함되어 있다. 경주 남면지역 민과 서원 관아와의 관계를 잘 보여 준다. 용산서원에 보관된 『첩정』은 18세기 말에서 19세기 초의 것으로 용산서원 사림이 부윤에게 올린 것이다. 내용은 서원 소속 안계암의 지통과 매득 노비를 침범하지 말아 달라는 것이다.

6) 타 서원 및 다른 지역 사족과의 관계를 보여 주는 고문서

이와 관련한 문서와 내용을 보면 다음과 같다. 『통문通文』은 경북 도내에 있는 향교, 서원과 사우에서 용산서원에 보낸 것이다. 이것은 서원의 연망과 사회관계를 잘 보여 준다. 『도기到記』는 용산서원에 내방한 사람의 이름을 기록한 명단으로, 여기에는 경주최씨 가문 사람뿐 아니라 경주 및 그 외 지역에서 서원을 방문한 사람의 명단이 있다. 이것은 서원의 인적 교류 관계를 보여 준다.

『심원록尋院錄』은 용산서원에 내방한 인사들의 이름을 적어 놓은 명단으로 『도기』와 비슷하다. 이름 아래 거주지를 명기해 놓고 있어 경주지역과 그 주변 지역 재지사족의 연망과 지방관과의 관계를 알 수 있다. 『서원거접록書院居接錄』은 백일장에 참석하고 방문한 사족들의 이름을 기록해 놓은 것으로, 거접은 서원에서 춘추로 행하는 중요한 행사 중의 하나이다. 이는 서원의 사회관계를 잘 보여 준다.

제4장 종가의 제례와 음식

1. 충의당 불천위 제사

제사는 정해진 절차에 따라 정해진 날에 지낸다. 특히 기제사는 해마다 같은 날에 반복하는 행사이다. 기제사의 주체는 제사 대상의 후손들이고, 복식과 음식뿐만 아니라 문식文飾도 정해져 있다. 최진립의 불천위 제례도 기제사의 하나이기 때문에 이렇게 문중의 범위 내에서 정해진 절차를 해마다 반복한다. 따라서 최진립의 불천위 제례는 사회적 관습이라 할 수 있으며, 정해진 격식에 맞추어 지낸다는 점에서 의례라 할 수 있다.

최진립은 무과 출신임에도 이례적으로 종3품 고위직인 공조참판에 오른 인물이며 병자호란 때에 험천전투에서 장렬히 순국한 충신이다. 조선시대에는 최진립이 죽은 해인 병자년이 되면 나라에서 사제문을 내려 제사를 지내게 했으며 경상도관찰사나 경주부윤이 헌관으로 참례했다고 한다. 지금도 그 전통은 이어져 불천위 제례가 있는 날이면 기관과 단체의 장이 직접 참사하는 경우가 많다. 따라서 최진립의 불천위 제례는 문중의 행사에 그치지 않는다. 병자호란 후 첫 병자년인 1756년 음력 5월 22일에 영조는 관원을 종택 가묘에 보내 제사를 지내게 했고, 이 행사는 조선 말엽까지 계속되었다. 이렇게 볼 때 최진립의 불천위 제례는 사후에 바로 나라에서 인정한 국불천위인 것으로 보인다.

최진립의 불천위 제례는 이처럼 충의로 나라를 빛낸 조상의 훌륭한 정신을 기리는 자리이며, 그 정신을 이어받는 예식이다. 후손들은 불천위 제례를 통해 조상의 정신을 마음에 새기며, 가슴 가득 자긍심을 느낀다.

한편 불천위 제례는 문중의 자긍심을 높이는 기제일 뿐만 아니라 문중을 하나로 묶는 역할을 한다. 잠와종택을 중심으로 경주최씨 가암파 문중은 제례가 있는 날이나 명절이면 함께 제사를 지내며 우의를 쌓고 있다. 불천위 조상 최진립은 이들에게 정신적 지주이며, 친족 간의 유대를 강화시키는 촉매제이다.

'잠와潛窩 최진립崔震立의 불천위 제례' 전승자들은 보통 최진립의 시호를 따서 '정무공貞武公 불천위 제사'라고 하며, '대제大祭'라고도 부른다. 최진립의 제례는 그의 사후부터 지금까지 계속 지내고 있는데, 제일은 음력 12월 27일이다. 배위 서산류씨의 제일은 음력 8월 9일이며, 양위 모두 합설하여 잠와종택의 사랑채인 충의당 사랑방에서 모신다.

최진립의 불천위 제례를 총괄하여 맡아 진행하는 주체는 종손과 '경주최씨 가암파' ('정무공파' 라 하기도 한다) 문중이다. 종손은 제례를 주관하며 진행하고, 제례의 주체가 된다. 이때 제수는 문중회의를 통해 결정된 유사 2인이 맡아서 준비하며, 제수 비용은 '경주최씨 가암파' 문중에서 모두 부담한다. 유사는 기일이 다가오면 경주, 포항 등 인근을 다니며 제수를 구입하여 일부는 장만하여 당일 가져오고, 일부는 종택에서 장만할 수 있도록 준비한다. 이렇게 볼 때 최진립의 불천위 제례는 문중에서 유사를 선정하여 제례를 지원하고 종가는 이를 바탕으로 제례를 준비하고 진행하는 형태라 할 수 있다.

최진립의 불천위 제례는 지금까지 중단된 적이 없다. 일제강점기와 한국전쟁을 겪으면서도 제례는 꾸준히 이어져 왔다. 해방 이후 한때 좌우익의 대립이 격화될 즈음에 신주를 도난당한 일이 있었지만, 곧바로 되찾아 불천위 제례를 지냈다고 한다.

제례의 공간인 사당과 제청은 크게 보수하거나 중수하는 일 없이 그때그때 수리하여 보존하고 있다. 제례의 시간도 그대로이다. 기제사는 파제일 초저녁으로 바꾸었지만, 불천위 제례는 예전처럼 축시丑時에 모신다. 제관의 수도 줄고 제수도 줄였지만, 형식과 절차는 그대로 유지하고 있다.

최진립의 불천위 제례는 제관이 많지만 홀기는 사용하지 않는다. 왜냐하면 집사자와 종손이 절차를 잘 알고 있으며, 제관들도 대체적인 절차를 숙지하고 있기 때문이다. 축문과 출주고유문은 정해진 법식대로 해마다 간지만 바꾸어 사용한다.

현재 참사하는 인원은 대략 100여 명 정도라고 한다. 종손이 외지에서 직장생활을 할 때는 40여 명이 참석했으나, 종손이 종택에 거주하고 유림과 문중 행사를 주도하면서부터 참사자가 많아졌다고 한다. 외빈을 따로 초대하지는 않지만 세의世誼가 있으면 자발적으로 참석하기도 하고, 기관이나 단체의 장이 참여하는 때도 있다. 이것은 최진립의 불천위 제례가 문중의 차원을 넘어 지역사회의 주요한 행사임을 보여 주는 것이며, 단순한 행사가 아니라 잃어버린 정신을 오늘에 되살리는 숭고한 과정임을 보여 주는 것이다. 여기서는 불천위 제사의 절차와 과정에 대해 간략하게 살펴보기로 한다.

1) 집사분정

불천위 제사에 참석하기 위해 제관들이 오는 대로 참사록을 작성한다. 종손은 이것을 보고 집사를 분정하여 직분을 이름 아래 써 둔다. 제관들이 모이면 12시경에 제사의 주인인 종손이 주도하여 참사록을 참조하고 문중 어른의 협조를 받아 집사자의 소

집사분정

임을 나눈다.(執事分定) 참사록을 바탕으로 집사를 분정하고 거기에 직책을 부기하였기 때문에 집사분정기를 따로 작성하여 게시하지는 않는다. 외빈이 있으면 아헌관을 맡기고, 종헌관은 문중의 어른 가운데 연치와 항렬을 고려하여 정한다. 주부는 기제사에는 아헌을 하지만 불천위 제례에는 참석하지 않는다. 왜냐하면 외빈을 배려하여 헌관을 맡겨야 하고, 또 제례에 소용되는 제수를 전체적으로 감독하고 살펴야 할 일이 많기 때문이다.

헌관과 축관을 제외한 집사자는 제사의 경험이 많고 연치가

적당한 사람 가운데서 선정하는데, 제청이 좁기 때문에 많은 사람이 들어올 수 없어서 좌우집사 각각 1명과 사준司罇 1명을 선정한다. 이들은 출주 때 봉촉집사 · 봉향집사의 역할을 하며, 술을 올릴 때에는 헌작 · 전작의 역할을 한다. 한편 잠와종가에서는 병자호란 때 최진립과 함께 순절한 충노忠奴 기별과 옥동을 기리는 제례를 함께 지내고 있는데, 이 충노제의 헌관과 집사도 따로 선정한다. 이때 집사는 불천위 제례의 집사와 거의 동일하다.

2) 제청 준비와 진설

최진립의 불천위 제례는 예전처럼 밤 12시가 넘어서 지낸다. 제기는 선대부터 사용하던 놋그릇을 그대로 사용하고 있으며, 일반 기제사와 구별하여 사용한다. 선대로부터 전해 오는 동안 일부 분실하거나 파손된 것은 그때그때 보충하여 갖추었으며, 최근에 그 가운데 일부를 한국학중앙연구원에 기탁하였다. 제구 가운데 앙장과 역막은 없으며, 기본적으로 병풍, 교의, 제상, 향상, 향로, 향합, 축판, 모사기, 퇴주기를 배설한다. 제상은 고족상高足床이며, 병풍은 예전에는 백병풍을 사용하였으나 지금은 종손이 직접 『효경』을 써서 만든 병풍을 사용하고 있다. 관세위는 사용하지 않고, 제례가 시작되기 전에 손을 씻는 것으로 대신한다.

시간이 되면 제상과 교의, 향상 등 제구를 갖추어 놓고, 미리

진설

마련하였던 제수를 제상에 올린다.(陳設) 먼저 과일을 올린다. 과일의 품수는 정해져 있지 않은데, 조율이시를 먼저 놓고 수박과 유과는 가운데 올리며 나머지는 최대한 많이 준비하여 차례로 놓는다. 한편 출주 후에 진찬하지 않고 진설 때에 모든 제수를 다 올리기 때문에 나물, 탕, 도적, 헌적, 면, 편, 메와 갱 등을 모두 올려놓고 출주하러 간다.

출주

3) 출주

진설을 마치고 사당으로 신주를 모시러 나아갈 때(出主) 봉촉집사가 앞장을 서면 그 뒤를 향집사와 축관, 주인의 순으로 따른다. 참사자들은 이때 모두 제청에 머무른다. 사당에 들어갈 때는 동문東門을 사용하며, 사당에 들어가서는 주인이 향불을 피우고 배례한 뒤에 신주를 제청으로 모셔 가겠다는 내용의 출주고유문을 읽는다.(出主告諭)

孝玄孫 ○○ 今以

顯先祖考 贈資憲大夫兵曹判書兼知義禁府事行嘉善大夫工曹參判兼五衛都摠府副摠管 贈謚貞武公府君 遠諱之辰 敢請

顯先祖考 府君

顯先祖妣 贈貞夫人 柳氏 神主 出就廳事 恭伸追慕

효현손 ○○는 지금 현선조고 증자헌대부병조판서 겸지의금부사 행가선대부공조참판 겸오위도총부부총관 증시정무공 부군의 기일에 감히 청컨대 현선조고 부군과 현선조비 증정부인 류씨 신주를 청사로 모셔 삼가 추모하는 마음을 펴고자 합니다.

이어서 주인은 배례한 뒤에 감실을 열고 주독을 봉안하여 제청으로 모신다. 나올 때는 신주를 봉안하였기 때문에 주인을 비롯하여 봉촉집사와 향집사, 축관이 모두 중문을 이용한다.

4) 참신 · 강신

'참신參神' 은 조상을 맞이하는 의식으로, 모셔 온 신주에 대해 처음 인사를 드리는 것이다. 신주를 모셔와 교의에 안치하고 주독의 뚜껑을 연다. 이어서 참사자 전원이 신위를 향해 두 번 절한다. 참신을 마친 뒤에 주인이 제상 앞으로 나아가 향을 피워 조상의 혼魂을 불러오고(焚香), '허작' 이라 부르는 강신용 잔에 술을 따라 모사기에 부어 백魄을 불러 온다(酹酒). 이렇게 신이 강림한(降神) 뒤에 주인이 재배하고 제자리로 돌아가면 강신례가 끝난다.

5) 헌작

헌작은 신위에 술을 올리는 의식으로 초헌 · 아헌 · 종헌으로 구성되어 있다. 주인이 제상 앞에 나와 꿇어앉으면, 집사자가 제상 위에 놓여 있던 반잔盤盞을 내려 주인에게 준다. 오른쪽에 있던 집사자가 여기에 술을 따르면, 주인은 모사기에 세 번 술을 덜어 내는 제주祭酒 없이 좌집사에게 주어 제상에 올리게 한다. 이때 집사자는 잔을 바로 제상에 놓지 않고 우집사가 비위의 잔에 술을 받을 때까지 기다렸다가 우집사와 함께 제상에 놓는다. 이어서 제상 앞에 따로 놓아두었던 미어를 도적 위에 올린다. 헌작에 이어서 기일을 맞이하여 조상께 음식을 마련하여 받드니 흠향하시라는 내용의 축문을 읽는다. 축문은 초저녁에 미리 써 두었다가 축판에 올려놓는다.

축문을 읽는 동안 참사자들은 국궁鞠躬하고 대기한다. 독축을 마치면 초헌관이 일어나 신위를 향하여 두 번 절하고 제자리로 돌아간다. 집사자가 잔을 비우고 신주 앞에 모시면 초헌의 절차가 끝이 난다.

이어서 아헌관이 제상 앞으로 나아와 초헌 때처럼 술을 받아

초헌

신위 앞에 올린다. 잔을 올린 뒤에 제상 앞에 두었던 미어를 적틀에 올리며, 이어서 아헌관이 신위를 향하여 두 번 절하고 제자리도 돌아간다.

종헌의 절차는 아헌과 동일한데, 이때 계반개啓飯蓋가 이어진다. 종헌관이 제주 없이 잔을 받아 바로 올리면 집사자가 미어를 올린다. 이어서 집사자들이 메 뚜껑을 열고 숟가락 앞쪽이 동쪽으로 향하도록 하여 메에 꽂는다. 이어서 종헌관이 제상을 향하여 두 번 절하고 제자리로 돌아간다.

6) 유식 · 합문 · 계문 · 진다

헌작을 마치면 이어서 유식侑食을 진행한다. 유식은 신이 식사를 하도록 배려하는 의식이다. 먼저 술을 조금 더 드시라는 의미로 술잔에 술을 더한다.(添酌) 주인이 제상 앞으로 나아가면 집사자가 강신 때 사용한 잔을 주인에게 주고 여기에 술을 따른다. 주인이 이것을 받아 집사자에게 주면 집사자가 고비위의 잔에 세 번씩 나누어 술을 더한다. 이어서 주인이 제상을 향해 두 번 절하고 제자리로 돌아간다.

신이 식사를 하는 동안, 참사자들은 그 자리를 피해 준다. 제청이 사랑방인 경우에는 방문을 닫고 나가 대기하며, 대청일 경우에는 병풍으로 제상을 가린다. 잠와종택의 제청은 사랑채 사랑방이기 때문에 문을 닫고 제관들은 방 밖에서 신이 식사를 하는 동안 부복하여 대기한다. 일정한 시간(보통 九食頃이라 하여 아홉 숟가락 뜰 정도의 시간)이 지나면 축관이 헛기침 소리를 내어 신이 식사를 마쳤음을 알린다.

식사를 마치면 신에게 차나 숭늉을 올린다. 이를 진다進茶라고 한다. 제례의 모범으로 삼았던 『주자가례』는 중국의 의례였기에 차를 올렸으나, 우리나라에서는 차 대신 주로 숭늉을 올린다. 잠와종택에서는 숙수熟水를 사전에 준비하여 올리고 집사자가 여기에 밥을 만다. 이어서 숭늉을 드실 시간 동안 그 자리에 대기한다.

7) 사신과 음복

신이 식사를 마쳤기에 신을 보내는 사신례를 한다. 먼저 수저를 내리고 메 뚜껑을 닫으며, 이어서 고이성례告利成禮를 한다. 축관이 제상 앞으로 나아가 동쪽을 향해 서고, 주인도 나아가 서쪽을 향해 서면, 축관이 제례를 무사히 마쳤다는 의미로 "이성利成"이라고 하는 것이다. 다음으로 참사자 전원이 신위를 향하여 두 번 절한다.

이어서 축문을 태우고 음복례를 행한다. 음복례는 주인이 신이 드셨던 음식을 먼저 맛보는 예식이다. 사신 재배를 마치고 주인이 제상 앞에 나아가 꿇어앉으면 집사자가 종헌의 잔을 내려 주인에게 준다. 주인이 이것을 받아 조금 맛을 보고 물리면, 집사자가 조육을 내려 주인에게 준다.

일반적으로 이후에는 주독의 뚜껑을 닫아 신주를 사당에 모시고 제상을 치움으로써 제례가 끝난다. 그런데 잠와종가에서는 음복례를 마친 뒤에 최진립을 끝까지 모시고 함께 순국한 충노 기별과 옥동에 대한 충노제를 지내고 있다. 옥동과 기별에 대한 제사를 마치면, 종손은 주독의 뚜껑을 닫고 가슴에 봉안하여 사당의 감실로 모신다. 그 사이 집사자들은 제상에서 제수를 내리고, 음복을 준비한다. 주인과 헌관은 독상을 받고 나머지는 겸상하는데, 제관이 많고 밥은 초저녁에 이미 먹었기 때문에 음복은 음복주와 과일을 비롯한 안주류에 그치고 밥은 내지 않는다.

2. 불천위 제사 후의 제사: 노비에게도 경의를

잠와종가에서는 불천위 제사 후에 정무공의 충노였던 옥동과 기별에 대한 제사인 충노제를 지낸다. 충노 옥동과 기별의 신주는 이 대청에 안치되어 있는데, 신주에는 각각 "고충노옥동지신위故忠奴玉洞之神位", "고충노기별지신위故忠奴奇別之神位"라고 종서되어 있다.

병자호란 당시 69세로 노장이던 최진립 장군은 용인 험천지역 전투에서 전황이 불리하자 자신을 평생 따르던 두 종에게 집으로 돌아가라고 명했는데, 환갑을 넘긴 종들은 "주인이 목숨을 버려 충신이 되는데 어찌 우리 종들이 충노忠奴가 되지 않을 수 있겠습니까?"라고 항변하며 돌아가지 않았다. 그리하여 그 전투에서 장군은 충노와 함께 장렬한 최후를 맞았다. 옥동과 기별은 비록 신분은 노비지만 나라에 충성하고 주인에게 충성한 사람이었다. 그 충성을 기리기 위해 신분을 따지지 않고 제사를 지내는 것이다.

촛대를 들고 있는 종손

충노제의 절차는 다음과 같다. 정무공 제사에서 음복례가 끝나면 교의와 신주는 그대로 두고 제수 가운데 메와 갱기를 내린 뒤 제상을 통째로 들어서 대청에 마련된 충노의 위패 앞으로 옮긴다. 이때 제상에 놓인 촛대 가운데 하나는 종손이 들고서 정무공의 위패 앞에 서며, 하나만 제상에 남겨 둔다. 이것은 촛불이 주위를 비추듯이 충노 옥동과 기별이 그림자처럼 주인을 따랐다는 의미라고 한다.

제상을 대청에 있는 옥동과 기별의 신주 앞에 옮긴 뒤, 메와 갱을 올리고, 이어서 종손을 제외한 참사자 전원이 신주를 향해

충노각

참신 재배한다. 예전에는 노비에게 절하는 것을 주변에서 좋지 않게 생각한 적도 있었으나, 요즘은 오히려 아름다운 전통으로 여긴다고 한다.

이어서 집사분정 때 정해 둔 헌관이 제사의 주인이 되어 분향하고 뇌주한 뒤에 재배한다. 분향재배 뒤에 헌작하는데, 무축단헌의 형태이다. 술은 새 병에 담은 새것을 쓰며, 옥동과 기별에게 각각 한 잔씩 올린다. 이때도 좌집사는 우집사가 술을 받아 제상에 놓을 때까지 술을 올리지 않고 기다렸다가 우집사와 함께 제상에 술잔을 놓는다. 술을 올린 뒤에 헌관은 신위를 향하여 두 번 절하며, 이어서 메 뚜껑을 열고 숟가락을 꽂는다.

신이 식사를 하는 동안 국궁하여 대기하였다가, 갱기를 내리고 준비해 둔 숭늉을 올리며 어기에 밥을 만다. 잠시 기다렸다가 숟가락을 내리고 메 뚜껑을 닫고 참사자 전원이 신위를 향하여 사신 재배한다. 이어서 헌관이 제상 앞으로 나아와 술잔을 내려 음복례를 하면 충노제가 마무리된다.

전국적으로도 충성스런 노비의 비를 세운 양반가는 있으나, 수백 년 동안 제사를 지내며 노비의 위패를 모시고 양반의 후손들이 절을 하는 가문은 찾아볼 수 없다. 이런 점에서 잠와종가의 노비에 대한 제사는 이 가문의 인간에 대한 태도를 잘 보여 준다고 할 수 있겠다. 반상班常의 구분이 엄격했던 조선시대에 양반들이 종에게 최고의 경의를 표한 것이다.

3. 제사 음식과 종가 음식의 특징

제수 마련에 있어서 최진립의 불천위 제례에만 적용되는 금기는 따로 없다. 일반 기제사처럼 고춧가루, 후추 등 자극이 강한 양념을 사용하지 않고, '치' 자가 들어간 생선(꽁치, 갈치 등)을 사용하지 않는다. 또 복숭아, 키위 등 털이 많은 음식도 쓰지 않는다. 또한 제례를 지내기 전에는 술을 먹지 않는다는 원칙을 지켜 오고 있다. 따라서 제관들에게 야식은 제공하지만 술은 주지 않고, 제례를 마친 뒤 음복주를 제공한다.

제물은 과일, 나물, 탕, 적, 메와 갱을 기본으로 포와 해, 면과 병, 자반 등을 갖추는 것이 일반적이다. 잠와종택에서는 조율이시棗栗梨柹를 기본으로 하여 시절과를 쓰되 따로 몇 품이라고 명

불천위 제수

시하지 않고 최대한 많이 장만하는데, 반드시 수박과 유과를 준비하여 제상의 가운데에 놓는다고 한다. 나물은 침채, 숙채, 생채의 3종을 쓰면서 5색을 구비한다. 좌포우해의 원칙에 따라 왼쪽에 포를 두지만 해는 쓰지 않고 대신 간장을 놓는다. 탕은 육탕, 어탕, 소탕 등 5탕을 쓰며, 도적은 하나의 편틀에 익힌 고기를 담아 올린 육적을 쓰고, 그 옆에 헌적獻炙으로 육적, 어적, 계적을 준비하여 함께 진설한다. 한편 초헌 · 아헌 · 종헌의 헌작이 끝나면 술안주에 해당하는 미어를 준비하여 올린다. 미어는 도적과 헌적으로 마련했던 것 가운데 돔베기나 소고기 등을 준비하여 제상의 앞에 둔다. 면麵도 갖추는데 양위에 모두 올리기 때문에 2기를 준비하며, 떡도 두 개의 틀을 준비하여 양쪽에 놓는다. 떡은 아래에서부터 본편, 부편, 잡과, 전, 조악 등을 21켜로 쌓는다. 불천위 제례에서만 특별히 사용하는 제수는 따로 없지만, 수박은 큰 것을 사용하고 유과를 높이 쌓아 중앙에 놓는 것이 다른 집과는 다른 특이한 면이라고 한다.

청백리로 기록될 정도로 청렴하게 살았던 최진립 장군의 생가인 만큼 충의당의 내림음식 또한 여느 양반가의 화려한 음식과는 달리 소박하다. 종가에 전해지는 음식 중 특징적인 것을 언급하면 '집장'과 '지'(장아찌)를 들 수 있다. 하얀 박과 메줏가루를 주재료로, 오랜 시간 두엄 더미 속에서 삭혀 먹는 토속음식 '집장'과, 종택의 200여 년이 넘은 매실나무에서 수확한 열매와 '머구'라는 풀로 담그는 '지'(장아찌)가 그것이다.

현재 집장의 경우 종부가 전기밥솥에서 발효시키는 법을 개발해 요즘엔 삼일 정도만 발효하면 먹을 수 있게 되었다. 종손은 종가의 음식에 대해 '고급스러운 음식은 없지만 맛 하나는 좋다'고 한다. 일 년에 열세 번 지내는 제사 때도 '만들어서 남길 음식은 하지 말아야 한다'는 생각으로 꼭 필요한 음식만 간소하게 준비하여 상을 차린다. 청렴의 상징인 잠와의 청백리 정신이 소박한 내림음식에도 이어져 오고 있는 것이다.

제5장 종가의 건축문화

경주최씨 최진립 가문의 종택인 충의당은 경주시 내남면 이조리에 위치한다. 이 마을에서 가장 오랜 역사를 자랑하는 경주최씨 대종가이다. 경주최씨 가문에는 후손들이 지은 정사와 서재들이 남아 있지만 여기에서는 최진립이 기거했던 충의당과 최진립을 제향한 용산서원, 신도비 등 최진립과 연관이 있는 건축물들을 중심으로 살펴보고자 한다.

1. 종택 충의당

경부고속도로가 본래 내남면 이조리 충의당 동편으로 계획되었으나, 이곳이 최진립의 살신보국이 서린 충절 마을임을 대통령께 건의하자 흔쾌히 고속도로의 노선을 마을 서편으로 변경해 주어 겨우 종택의 멸실을 피할 수 있었다. 마을 서편이 일부 철거되기도 하였지만 종택은 그 면모를 아직도 지켜 오고 있다. 지금은 경부고속도로로 인하여 마을의 안쪽이라는 느낌이 예전 같지 않지만 이조리마을 입구에서 들어가다 보면 마을의 제일 안쪽에 종택이 위치해 있음을 알 수 있다. 곧 이조리는 마을의 제일 안쪽에 종가가 위치하는 전형적인 집성촌의 형상을 띠고 있는 것이다. 고속도로가 마을을 둘로 갈라놓았지만, 고속도로가 없었다

충의당

면 이조리는 넓은 벌판에 자리 잡은 곳이었음을 충분히 상상할 수 있다.

충의당은 정무공이 기거하던 종택이다. 처음에는 당호를 흠흠당欽欽堂이라 하였으나 1760년경 건물을 고치면서 당호가 충의당으로 바뀌었으며, 기문記文은 면암 최익현이 썼다. 그리고 안채 동측 부속채에 흠흠당 현판이 걸려 있다. 현재 경상북도 민속자료 99호로 지정되어 있다.

1,000여 평의 평탄한 대지에 주생활 공간인 정침正寢(안채)과

충의당 경모각

좌우 부속채, 사랑채와 대문채로 이루어져 있는데, 이는 조선시대 남부지방 양반집의 전형적인 모습을 갖춘 튼ㅁ자형을 하고 있다. 충의당은 정면 4칸에 측면 2칸으로 홑처마에 맞배지붕으로 되어 있다. 왼쪽 2칸의 사랑방은 온돌방이며, 오른쪽 2칸은 대청마루로 되어 있다.

충의당은 남향 배치로 두 축선상에 건물이 배치되어 있다. 정침과 사랑채와 사당은 남향을 하고 있으며, 좌우 부속채는 안마당을 향하여 배치되어 있다. 정침은 가적지붕 형식이나 그 외

각 채는 모두 맞배지붕으로 되어 있다. 이는 조선시대 일반 사가私家에서는 합각지붕을 할 수 없었던 건축 규제를 충실히 이행한 것이라고 한다.

충의당의 배치는 전형적인 평지 배치로 건물 위계가 분명하다. 불천위 위패를 모신 사당(부조묘), 정침, 사랑채, 좌우 부속채 및 행랑채(대문채) 순으로 용마루 높이에 차이를 두어 위계를 보이고 있다. 특히 사당 영역은 정침 동편에 위치하며, 별도의 담장으로 구획하고 단청을 한 솟을삼문으로 처리하여 그 격을 강조하고 있다. 과거에는 사랑채 정면으로 행랑채가 위치하여 사랑채 우측 사당의 전면 공간과 사랑마당이 접속된 형상을 하였으나 여러 차례 행랑채가 무너져 현재 위치로 옮겨 동향의 문이 되었다. 1996년에는 사랑채 동편으로 정무공의 유품 및 서책들을 보관하는 경모각을 세웠다. 별도의 제청은 없고 사랑대청이 불천위 제사를 위한 제청의 기능을 겸하고 있다.

각 건물의 구성을 간단히 살펴보면 다음과 같다. 정침은 정면 6칸, 측면 1칸 반 규모로, 정면 2칸으로 된 안대청을 중심으로 하여 그 좌측으로 2칸의 안방과 1칸의 부엌(현재 입식주방으로 개조)이 연속되고, 대청 우측으로 1칸의 건넌방이 구성되었다. 전면은 툇간 형식의 마루로, 후면은 툇마루로 되어 외부 공간과 접속되며, 전면은 원형기둥으로 되어 있다. 가구架構는 3량가구로서 홑처마에 가적지붕 형식이다.

정면 4칸, 측면 1칸 반 규모의 사랑채는 좌측 2칸의 사랑방과 정면 2칸의 사랑대청으로 구성되고, 사랑방 전면은 툇간 형식으로 사랑마당과 연계된다. 전면기둥은 원형으로 기둥 상부는 익공 양식이며, 가구架構는 3량가구에 홑처마로 맞배기와지붕 형식이다. 사랑대청은 제청을 겸하고 있으며, 가문의 일반 행사가 있을 때는 이곳이 중심적인 공간이 되기도 한다. 불천위 제례 행사는 사랑방에 제수를 진설陳設하고 사랑대청이 일반 제관들의 공간이 되며, 제관이 많을 때에는 사랑마당으로 확대된다. 특이한 것은, 앞서 언급한 바와 같이, 후손들이 아직도 정무공 기제사 후 사랑방에 진설한 제상을 그대로 대청으로 물려서 매와 갱을 갈고 충노인 옥동과 기별의 제사를 지내고 있는 것이다.

좌우 부속채는 각각 측면 1칸 전면 4칸의 규모이며, 가구架構는 삼량가구에 홑처마로 맞배기와지붕이다. 정침 서측의 부속채는 본래 안채의 부엌 쪽으로부터 디딜방아와 고방이 각각 1칸 그리고 방 1칸으로 구성되었다. 동측의 부속채는 흠흠당으로 정침 쪽에서부터 고방 1칸과 연속하여 1칸씩 방 2개가 접속하여 있으며, 남측으로 1칸의 청廳이 방과 접속하여 있다.

정침 동쪽의 부속채인 흠흠당은 평소에는 일상생활 공간으로 활용되고 있으나 초상이 났을 때는 청과 연속된 방에 빈소를 차려 삼년상을 여기서 치르게 된다. 일반적으로는 빈소를 사랑채에 설치하나, 공간적인 특성으로 인하여 사랑채에는 빈소를 차리지 않고 여기에 빈소를 차리게 된다.

그리고 흠흠당은 안마당을 거치지 않고 사랑마당으로 출입할 수 있는 행랑마당으로 통하는 쪽문이 별도로 설치되어 있어 외부 참배객이 안채를 통하지 않고 사랑채에서 접근이 가능하도록 되어 있다.

한편 종가의 공간 구성은 외면적으로 주생활공간과 의식儀式공간이 분명한 영역으로 구분되어 있는 것이 특징이라고 할 수 있다. 이러한 공간의 구분은 내면적으로는 과거와 현재가 공존하면서 전체를 이루게 되는 것이다. 의례가 있을 때 의식공간은 일정한 공간으로 한정되지 않고 생활공간으로까지 확대되어 종가의 전체가 의식공간화된다.

의식공간인 정무공 사당(不祧廟)은 정침 동편 행랑채(대문채)의 오른편에 사랑마당과 접속되는 곳에 위치하며, 조선 중기의 건물이다. 사당 출입문은 솟을삼문형식의 3칸이며, 사당 규모는 정면 3칸과 측면 1칸 반으로 내외부에는 마루로 마감되어 있으며 전퇴는 개방되어 있다. 쇄시리를 한 초석에 원형기둥이며, 기둥 상부는 이익공양식으로 되어 있다. 삼량가구 형식에 겹처마이고 맞배기와지붕으로 충렬사忠烈祠 편액이 사당 중앙 처마 하부에 걸려 있다.

사당 건물과 출입 대문은 단청으로 처리되어 있으며 사당 마당에는 늘 푸른 사철나무 등이 심어져 있어 생동감 있는 공간으

충의관

로 느껴진다. 사당의 출입은 사랑 마당을 통하여 직접 출입이 가능하며, 안채와는 공간 및 동선이 완전히 분리되어 개별 공간으로서의 성격을 분명히 하고 있다.

현재 사당에는 불천위인 정무공과 함께 현 종손의 4대 조상까지 모셔져 있다. 사당 중앙에 불천위 위패를 모시고 그 좌측으로 고조고高祖考와 비위妣位의 위패를 서면西面하여 배치하고, 불천위 위패의 우측으로 동면東面하여 증조고曾祖考와 비위妣位의 위패를, 그리고 다시 고조고의 위패 왼편으로 조고祖考와 조비祖妣의 위패를, 증조고의 위패 오른편으로 선고先考와 선비先妣의 위패를 배열하는 좌소우목左昭右穆 형식을 따르고 있다.

종택인 충의당에는 현재 종손과 종부가 거주하면서 관리하고 있다. 특히 2013년 4월에 사랑채 맞은편에 정무공 유물관인 충의관을 건립하여 정무공의 유품 및 가문과 관련된 고문헌 자료를 전시하고 있어 지역사회의 살아 있는 역사문화를 제공하고 있다.

2. 정무공 정려비각

이소리의 충의당 앞길에서 마을 뒤편으로 약 300미터쯤 떨어진 곳으로 걸어가면 정무공 정려비각이 있다. 이 정려비각은 병자호란 때 순절한 정무공의 충절과 공적을 기리어 후세에 전하기 위해 건립된 것으로, 천작도天作棹(개무덤) 남측 전면에 있다. 정무공 사후에 판중추부사 김시양이 '최진립 장군이 나라를 위하여 목숨을 버리려는 뜻은 속으로 본래 정해서 창졸간에 전사한 종류와는 다르니 그 문중에 정려를 내리라' 는 상소를 올렸다. 이에 인조가 정려하여 1688년(숙종 14)에 정려비를 세우고 1707년(숙종 33)에 정려각을 세웠다. 정려각 비문은 1640년 대사간 황호가 썼으며, 직제학 신익전이 글씨를 쓰고, 제자題字는 형조판서 김광

정무공최선생지려

정려비각

욱이 전자篆字로 썼다. 비각의 현판에는 '정무공최선생지려貞武公崔先生之閭'라 적혀 있다.

정려비는 충신, 효자, 열녀 등의 언행과 정신을 기리기 위하여 그들이 살던 마을의 입구에 정문旌門을 세워 표창하는 것이다. 이 정려비도 마찬가지로 정무공의 충절을 기리기 위해 건립된 것이다. 정려비는 연꽃이 양각된 방형의 판석 받침 위에 세워져 있다. 정려각 측면으로 우거진 소나무 숲이 있어 정무공의 충절을 나타내 주는 듯하다.

3. 용산서원

청백리 정무공 최진립을 제향하고 있는 용산서원은 경주 시내에서 언양 방향 남쪽 30리 거리인 용산에 위치한다. 고위산(천룡산) 남서편으로 내남면 이조마을 동편의 형산강을 건너면 고위산에서 용龍처럼 흘러내린 마지막 자락의 구릉지이다. 서원 전면으로 박달천이 흘러들어오고 남측의 백운대에서 흘러드는 시냇물과 형산강이 합류하는 삼합수三合水 지역이며, 형산강 건너 서편 마을인 이조리에 정무공종택인 충의당이 있다.

앞서 언급한 바와 같이 용산서원은 부윤 이형상이 마을 유림들과 함께 창건하였고 1711년에 숭렬사우崇烈祠宇로 사액되었다. 대원군의 서원철폐령으로 1870년(고종 7)에 서원은 훼철되었으나

용산서원

고직사와 신도비는 존치되었다. 이후 1903년에 단을 설치하였고 묘우인 숭렬사우와 전사청, 내삼문 및 강당인 민고당敏古堂 그리고 서원 외삼문인 식강문 등이 복원되었다. 현재 경상북도 도지정 기념물 88호이다. 서원 편액은 실학자 성호 이익의 형인 옥동玉洞 이서李溆가 썼으며, 기문은 성호 이익이 찬하였다. 용산서원은 전면에 강학 공간의 중심이 되는 강당인 민고당을 배치하고 강당 뒤에 제향 공간인 숭렬사우를 위치시켜, 전학후묘前學後廟의 일축 배치 형식을 따르고 있다. 이는 조선시대 학문과 제사라는 서원의 기능과 역할을 잘 보여 준다고 할 수 있을 것이다.

용산서원으로 들어가 보자. 서원의 정문(외삼문)은 식강문植綱門이다. 안으로 들어가면 강당인 민고당이 있다. 민고당은 정면 5칸, 측면 2칸, 홑처마로 일반적인 팔작지붕으로 되어 있다. 공포는 초익공 구조이며 가구는 5량가구 형식의 건물이다. 바른층쌓기 기단에 원형 쇄시리로 된 정평초석에 원기둥을 사용하였다. 평면 형식은, 정면 3칸, 측면 2칸의 대청을 중심으로, 좌우에 각각 정면 1칸, 측면 2칸의 온돌방인 흥인재興仁齋(좌측)와 명의재明義齋(우측)가 있는, 정면 5칸, 측면 2칸 건물이다. 원생들이 기거했던 동재인 호덕재好德齋와 서재인 유예재遊藝齋가 있었고, 또한 외삼문과 동서재 사이에 정면 5칸 규모 이상인 청풍루淸風樓가 있었으나 고종 때 훼철된 후 아직 복원되지 않았으며, 내삼문 전면과 외삼문 전면으로 각각 서류동입의 명당수明堂水가 있다.

사당인 숭렬사우崇烈祠宇는 정면 3칸, 측면 1칸과 툇간으로 5량가구 형식의 겹처마 맞배지붕이다. 공포는 이익공 형식으로 익공 장식이 화려하다. 평면은 사당 전면에 반 칸 규모의 툇간을 두었다. 다듬돌 바른층쌓기 기단에 정평초석 위에 고복형초석을 놓고 원기둥을 올렸다. 사당 우측에 3칸 규모인 '一' 자형 평면의 전사청이 사당과 직교해 배치되어 있으며, 사당 정문은 평삼문 형식으로 되어 있다.

서원의 오른쪽에는 고직사(관리사)의 건물이 있다. 이 건물은 민도리수장집 형식으로 가구는 3량가구 형식에 홑처마의 맞배지붕이다. 포사는 정면 5칸 규모로 평면은 1칸 마루를 중심으로 우측에 방 한 칸, 좌측에 방 두 칸을 배치하였다. 유사실은 정면 2칸, 측면 1칸 반 규모의 집으로, 뒤편에 툇간을 두어 저장공간으로 사용하였다. 주사는 정면 3칸 규모로 평면은 방 2칸에 부엌을 배치하였다. 창고는 2칸 규모의 '一' 자형 평면이다. 이 건물에 앞서 언급한 용산서원 관련 많은 고문서들이 보관되어 있었다. 고직사에서 발견된 고문서들과 기타 문적, 유물은 충의당으로 옮겨 보존하고 있다. 고문헌은 7종 23책으로 수는 그리 많지 않으며, 『상설고문진보대전詳說古文眞寶大全』, 『시전대전詩傳大全』, 『신편고금사문유취新編古今事文類聚』 등이 있다.

4. 정무공 추도 신도비

용산서원에서 서쪽으로 100여 미터 떨어진 비각 속에는 최진립의 신도비가 서 있다. 이 신도비는 1740년(영조 16)에 최진립의 공적을 기리고자 세운 것이다. 귀부와 비신 그리고 이수를 모두 갖춘 것으로 160여 년 앞서 조성된 경주 옥산서원 내 이언적 신도비와 유사한 형식을 하고 있으나, 귀부의 형태와 크기는 통일신라의 무열왕릉 귀부와 비슷한 형식으로 조각이 매우 뛰어나다. 1699년(숙종 26) 용산 아래에 사당을 만들고 1700년부터 신도비 조상을 시작하여 1740년에 완성한 후 서원 입구에 비각을 건립하고 비를 세웠다. 신도란 '사자死者의 능묘陵墓로 가는 길' 이라는 뜻이며, 신도비는 왕이나 고관의 무덤으로 가는 길목에 세

신도비각

정무공 신도비

워 사자의 사적事蹟을 기리는 것인데 대개 무덤의 남동쪽에 세워져 있다. 신도비는 대개 귀부, 비신, 이수라는 세 부분의 구조적 특징을 갖추고 있다.

정무공 신도비 귀부는 하나의 돌로 만들었는데, 사각형 지대석 위에 길이 272센티미터, 너비 201센티미터, 높이 70센티미터이고, 귀두 길이는 74센티미터이다. 귀두는 앞을 향하여 50도 위 방향으로 고개를 쳐들고 있다. 비를 받들고 있는 거북 조각의 크기는 웬만한 무덤 크기이다. 거북 곳곳의 섬세한 조각은 조선 후기 석조예술의 백미를 보여 준다. 이 거대한 석조들은 울산 치술령 원석을 운반해 온 것이다. 이 신도비의 조영에 관해서 『문루일기』에 적혀 있는 내용을 뽑아 보면 다음과 같다.

> 병신년(1716) 삼월 일에 부윤 상공 정필동에게 청하여 신도비 돌을 치술산 아래에서 떼어 내었고 부내의 승군을 얻어 운반하였는데 900여 명이 일시에 함께 일하니 6일 만에 바로 문밖에 도착하였다.
>
> 을묘년(1735) 사월 일에 신도비 귀판龜板 일을 시작하여 팔월 일에 마쳤다. 백운대에 임시로 묻어 두었다.
>
> 병진년(1736) 사월 일에 신도비 귀석龜石을 부윤 정언섭 공이 체직되어 돌아갈 때에 남면의 연군烟軍을 얻을 것을 청해 (그들로 하여금) 서원 아래에 옮겨 들였다.

기묘년(1739) 유월 일, 이월 일, 신도비 이두螭頭와 귀판 새기는 일을 마친 뒤에 비석 전면의 자획을 새기고 이어 후면을 새겼다.

경신년(1740) 사월 초십일 신도비를 수안竪安했다.

『문루일기』에 기록된 내용을 정리해 보면 신도비 비석 돌은 1716년 치술령 산 밑에서 캐내어 900여 명이 동원되어 며칠 만에 용산서원 문밖에 가져왔고 귀부는 1735년 4월부터 8월 사이에 경주 남산 백운대에서 직접 귀갑을 조각한 다음 그곳에 8개월간 묻어둔 후, 1736년에 용산서원으로 옮겼음을 알 수 있다. 그리고 1739년 이수와 귀판 새기는 일을 마친 뒤, 1740년에 세웠다는 것이다.

이렇듯 신도비 건립은 최진립의 추모사업이 얼마나 큰 사업이었는지를 알려 주는 귀중한 유물이라고 할 수 있다. 더욱 의미 있는 것은 신도비의 구성에서도 보인다. 신도비의 발문은 노론 조명겸趙明謙이, 비문은 남인 조경趙絅이, 비의 음기는 서인 윤신지尹新之가 썼다. 이와 아울러 앞서 언급한 바와 같이 용산서원의 현판을 당대 최고 서예가인 옥동 이서가, 서원기書院記를 실학자 이익이 썼다는 것은 당파를 뛰어넘은 추모 열기를 보여 준다. 비장한 최후와 북벌론의 대두로 최진립은 국가적 영웅으로 떠오르고 경주최씨 정무공파는 명문가의 기틀을 닦게 된다. 이 신도비는 나라에 어려움이 있을 때 비석이 땀을 흘린다는 일화가 있다.

한편 경주최씨 세거지가 평지에 위치한 입지의 특성으로 인해 가문과 관련된 기능 공간은 서당을 제외한 기능 공간의 입지 조건으로 적합하지 않아서 경관이 수려하며 한적한 입지적 조건을 찾아 건립되었으므로 세거지와는 떨어져 있다. 그리하여 순수한 정자의 기능보다 휴식 및 별서別墅의 성격이 강하였다. 비교적 가까운 지역에 위치한 보인재와 임천정 등은 양동의 정자와는 달리 부속채가 없이 단독 건물로 되어 있다. 집청정과 백련서사 등은 세거지에서 당일로 다녀오기가 힘든 지역에 위치해 있으므로 머무를 수 있는 부속채가 있다. 이들 건물들은 선조에 대한 추념의 공간과 학문을 하는 장소일 뿐만 아니라 문중의 회합 및 휴식의 공간으로도 활용되었다.

서당인 남강서당은 강학 및 강론을 할 정도의 정면 5칸에 측면 2칸 규모였으며, 본래는 마을의 서측 끝단에 위치하였다. 고속도로가 마을의 서단부를 지나가면서 지금은 고속도로 건너편이 되었다가 수년 전 건물이 멸실되었다.

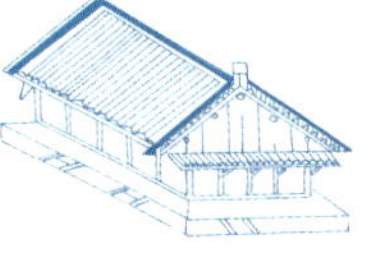

제6장 종가의 일상과 종손의 문중활동

1. 충忠과 의義의 가풍을 잇기 위해 – 14대 종손 최채량

앞서 언급한 바와 같이 1990년 봄 필자는 이조리를 처음 찾았다. 고문헌 자료의 조사와 발굴을 위해서였다. 그때 처음 최채량 종손을 만났다. 그의 인상은 마치 모든 것을 다 담을 수 있는 질박하고 넉넉한 그릇 같았다. 당시 종손은 고등학교 교사였기에 시간상 짧게 볼 수밖에 없었다. 하지만 그 짧은 만남에서도 그가 그의 첫인상처럼 배타적이지 않고 모든 것을 포용할 수 있는 사람이라는 느낌이 들었다.

그로부터 20년이 지난 후, 나는 그를 다시 만났다. 오래전 나의 느낌은 그대로 적중했다. 그는 옛것만 고집하지 않고 현대와 조화를 이루어가는 포용력을 가진 삶을 살고 있었다. 경주최씨

종손과 종부

14대 종손. 현재 경주최씨 가문에서 실시하고 있는 현양사업은 날이 갈수록 풍성한 결실을 이루고 있다. 이러한 성공에는 종손의 포용력 있는 성품이 바탕이 되었을 것이라고 쉽게 추측해 볼 수 있다.

14대 종손 최채량(현 81세)은 경주최씨 가문의 종가가 세상 밖으로 알려지는 데에 큰 기여를 했다. 교직에 몸담고 있던 그는 마지막 발령지를 종택이 있는 이조마을로 옮겼다. 그곳에서 퇴직을 맞았고 이후 선조현양사업과 문중의 일에 몰두했다. 이조마을 집집마다 문패를 만들어 달았고 종가에 서실을 만들어 마을 사람들에게 서예를 가르치기도 하였다. 작은 것에서부터 큰 것에 이르기까지 종가가 마을 사람들과 더불어 사는 삶을 실천한 것이다. 이렇듯 그의 삶은 종손이라는 정체성과 떼려야 뗄 수가 없다.

종손은 할머니 손에서 자랐다. 그의 부모님이 젊었던 시절, 그때는 좌우익의 대립으로 사회 전체가 극도로 혼란스러울 때였다. 경주최씨 집안의 종손이라는 위치는 문중의 사람들뿐만 아니라 다른 주변 사람들에게도 충분히 영향력을 미칠 수 있는 지위여서 여기저기서 그의 부친에게 손을 뻗었다. 그 덕에 부모님은 후일 징역살이까지 해야 했고, 늘 몸을 피해 여기저기로 옮겨 다녔다고 한다. 종손은 할머니의 손에서 자랄 수밖에 없었다.

할머니와 증조할머니는 종손을 끔찍이 위했다. 증조모는 재취로 들어온 두 번째 부인이었음에도 종손을 어머니 이상으로 돌보았다고 한다. 지금도 제삿날이 되면 종손은 두 분 할머니에 대한 기억으로 눈물을 흘린다. 사랑을 받아본 사람이 사랑을 주는데 익숙한 법이다. 할머니로부터 받은 아낌없는 사랑은 종손이 사람을 대하는 태도의 밑바탕이 되었다.

종손의 부친은 문집을 간행할 정도로 문장이 좋고 덕망이 있는 분이었다. 마을 근처에 있는 사람들이 모두 그의 인품을 칭송할 정도였다. 그래서 종손은 덕망 있는 부친을 본받아야겠다고는 마음속으로 생각했다. 종손의 그 소망은 이루어진 듯하다. 종손은 경주고등학교를 졸업하자마자 스무 살에 도산에 있는 퇴계 종가의 여성과 결혼했다. 그 후 고려대학교에 입학하여 학업을 마치고 이조리에서 교편을 잡았다. 1973년에 종손은 서울로 가게 되었고, 1986년에는 첫 부인이 암으로 세상을 떠났다. 그때 그에게는 아들 셋이 있었는데, 아이들의 양육도 양육이지만 종부의 자리를 비워 놓을 수가 없어 서둘러 지금의 종부와 재혼했다. 재혼한 지 2년 만인 1988년, 종손은 다시 부산으로 이사했다. 부모님의 병환 때문이었다. 마음대로 하자면 경주에 있는 학교로 가고 싶었지만 경주에는 옮길 만한 자리가 없어 우선 부산으로 온 것이다. 경주와 부산을 왕래하며 부모님의 병 수발을 하다 현실적으로 어려워지자 부산에서 경주를 최단거리로 드나들 수 있는 곳에 집을 구했다. 그렇지만 그마저도 힘들게 되자 퇴직을 결심하였다. 마침 그때 이조리 종택에서 얼마 떨어지지 않은 곳에 위치한 고등학교에 자리가 생겼다. 종손은 그곳으로 근무지를 옮겼고, 이후 경주 이조리에 정착하였다.

종가는 넉넉한 살림이 아니었다. 거기다 봉제사 접빈객은 없는 살림을 더 없게 만들었다. 그래서 종손은 군대를 다녀와서 농사를 직접 지은 경험도 있었다. 이자를 물어 가면서 농사를 짓던 어려운 시절도 겪었다. 종손이면서도 힘들게 농사를 지어야 했던 어렵던 시절은 이후 그가 살아가는 데 큰 경험이 되었다. 종손은 항상 자녀들에게 "우리가 못살아도 인간성만은 올바로 지녀야 된다"라고 말했다. 그것이 선조 정무공의 뜻을 받드는 길이기 때문이다.

정무공은 청백리였다. 그는 공조참판을 제수받을 때 자신은 일개 무인이므로 받을 수 없다고 거절했다. 이에 인조는 '염근여흠廉謹予欽'(청렴하고 삼감을 내가 흠모한다)이라는 비답을 내린다. 정무공이 죽고 난 후에도 사제문에 '경절여흠勁節予欽'(굳세고 절개 있음을 내가 공경한다)이라는 글을 적었다. 종가의 당호가 흠흠당인 연유가 바로 여기에 있다. 흠흠당의 현판은 홍양호洪良浩가 썼다. 이러한 정무공의 굳세고 청렴한 정신을 종손은 자손들에게 물려주고 싶은 것이다.

종손의 이러한 삶의 태도는 문중 일을 처리하는 데서도 일관되게 나타난다. 2013년 4월에 정무공 동상의 제막식이 있었는데, 이 동상을 제작할 때에도 청렴하고 삼가는 것을 지켜 나감으로써 무탈하게 일을 완성할 수 있었다. 그 과정에 대해 종손은 다음과 같이 말하고 있다.

> 항상 내가 하는 얘기가 우리 선조가 청백리인데, 우리 자손들이 뭐 돈도 없지만 청백하게만 하면 문중이고 뭐고 다 해결된다. 저 동상을 만들 때도 그리했어요. 입찰을 붙이는데 네 사람이 왔어요. "당신네들이 여기에 열여섯의 임원들이 있으니

까, 당일날, 지금부터 한 달 후에 영상이든 모조품이든 무엇이든 만들어 와서 이 사람들 설득을 시켜라. '나는 만들면 이렇게 만들 것이다' 라고 하고 설득을 시켜라. 그래서 하루라도 넘기면 종손의 입김이 들어가면 이거는 안 되고, 나중에 엉큼한 소리 들어가면 안 되니까. 그 자리에서 내가 투표할 테니까 그리해라." 그래서 그날 모여서 여기 텔레비전 내놓고, 영상물 틀어 가지고 한 사람도 있고, 또 경산 있는 한 분은 모형을 만들어 왔어요.…… 그래 그 후에도 이걸 하는 도중에 이랬으면 좋겠다고 우리 운영 위원들도 말을 하니까 자기(동상제작자) 의견도 있고 우리 의견도 들어가면서 하나도 차질 없이, 서로가 의견 다툼 하나 없이 그대로 제작이 됐어요. 다른 데서 얘기를 여러 군데 한 걸 들어 보니까 유수가 좋은 거구나 하는 그런 생각을 했어요. 그래서 자손들에게도 "우리는 다른 거 없다. 조상에게서 받은 청렴하고 부지런하고 삼가고 그런 것이 우리 교훈이다. 그래 잘해 달라" 얘길 하죠.

누구나 조상이 물려준 뜻을 지키고 싶어하지만 말처럼 쉬운 일이 아니다. 문중 재산을 두고 법정 소송까지 가는 일들이 심심찮게 나오는 요즘 세태에 조상이 했던 것처럼 청백리의 정신을 지킨다는 것으로부터 자부심을 가지는 것, 그것이 결코 쉽지 않은 일임을 충분히 짐작할 수 있다.

그럼에도 문중 일을 처리하는 데는 어려운 것이 한두 가지가 아니다. 종손은 이 어려움들을 오히려 보람으로 생각하고 있다. 종손으로서의 의무와 책임에 대한 그의 생각을 들어 보자.

어려움보다는 사실 보람이 크니까 그냥 해 나갈 수 있고. 여기 뭐 경주에 보면 모임이 너무 많아요. 경주에 있는 것만 해도 열댓 개 되고, 또 내가 서울 있었으니까, 서울에서 모임이 두 군덴가 있어요. 부산도 하나 있어요. 그러니 종일토록 돌아다녀야 되고, 또 영종회라고 종손들만 모아 놓은 것도 하나 있어요. 그런 곳에 가고. 또 청우회, 서원만 가지고 있는 사람들이 모이고 있는 모임이 있고. 그거는 서원 같은 데 가서 하룻밤 또 자요. 전국 서원 몇 군데 돌아댕겼어요. 지난해 여름에는 우리 집에서 또 하룻밤 잤어요. 여기 다 잤어요. 자고는 서원 구경하고 1박 4식인데, 그것도 쉬운 게 아니데요, 해 보니까. 33명이 모여 가지고. 그래 그런 거 한 번씩 하고 나면, 재미도 있고. 또 비용 같은 거는 문중에서 좀 봐주고 그래하니까 그냥그냥 견뎌 나가죠, 보람으로 하는 거죠.

종손이 가져야 할 의무는 쉽게 생각할 수 있는 수준이 아니다. 종손의 첫 번째 의무는 이 많은 일들을 힘들다고 생각하지 않고 최선을 다하는 것인지도 모른다. 종손은 그 의무를 자신의 것으로 받아들였다. 의무와 함께 종손은 종손으로서의 권리도 담담하게 받아들였다. 그렇게 할 수 있는 바탕은 종손이 가지고 있는 긍정적인 사고, 그리고 특유의 포용력과 넉넉함 때문일 것이다.

그의 포용력은 과감하게 선조의 묘소에 변화를 준 혁신에서도 찾을 수 있다. 종손이라는 어휘에는 어딘가 고루하고, 변화하는 세상과 등진 낡은 인습과 같은 뉘앙스가 있다. 하지만 종손은 자신이 사는 시대와 이 시대의 급격한 변화를 받아들였다. 그는 제례에 있어서도 현재의 후손들이 선조에게 쉽게 다가갈 수 있도록 하였다.

> 내가 제일 처음에 오자, 여기 와서 한 일이 뭐냐 하면, 서른여섯 군데의 묘사를 지내야 되는 기라. 묘가 치술령 꼭대기도 있고 산꼭대기에 마. 어예(어떻게) 옛날 사람들 재주도 좋아요. 이거 도저히 안 되겠다 싶어 산소를 전부 화장을 해 가지고 한 곳에다가 모아 놓았어요. 한 칠팔 년 됐어요. 모아 놓고는 요만침 해 가지고는 요거보다 한 배되죠. 돌아가신 성함 적고, 비위 고위 적고, 돌아가신 날짜 적고, 뒤에 자손록 적은 것을 만들어 앞에 요만침 술잔 놓을 정도로 남겨 놓고 제상 하나 돌 하나 놔 놓고. 거 한군데 지내는 거예요. 마을 사람도 그라고 다른 사람들도 "산소 잘못 건드리면 해 보는데, 와 그걸 멋대로 만지노?" 그러면서 반대하는 사람이 많이 나와요.

그래서 오는 사람마다 내가 그래요. "나도 묘사 좀 편하게 조상 잘 모실라고 내가 여기 옮기고. 조상님도 가만 생각해 봐라. 거 산골짝에 요새 같이 좋은 세상에 그 골짝에 살지 말고, 한곳에 모아가 가족들이 같이 이렇게 있으면 얼마나 편하고 좋겠나 말이라, 조상들의 넋이 있다고 가정하면 말이라 '아이고, 니 잘한다. 참 잘한다.' 날 도와주지 날 해롭게 할 이유 뭐 있노?" 암만 생각해도 난 나 해롭게 할 일이 없어.

그래서 다른 사람들도 아이 이거 배워 간 사람이 많아요. 우리도 그래 달라고 그래하자고 많이 배워갔어요. 편하게 많이 그렇게 하고 있어요. 그러니까 그런 것도 이제 요새 신식이지 않습니까? 그것도. 다 예상 외로 따라와요.

종손은 서른여섯 군데의 묘소에 묘사를 지내야 한다. 그런데 묘소가 대부분 산 정상에 있다는 것이다. 후손들의 접근이 쉽지 않은 것은 당연지사였다. 실제로 이것은 선조에 대한 인식에도 영향을 미쳐, 후손들로 하여금 선조란 먼 과거에 존재했던, 자신과는 무관한 존재라는 생각을 갖게 만드는 한 요인이 되는 것이다.

종손은 이러한 부분을 개선하고자 했다. 그는 과감하게 이장을 결정했다. 이 산 꼭대기에 두 기基, 저 산 꼭대기에 세 기로 흩어져 있는 선조들을 한군데로 모두 모아 낮은 곳으로 옮기기로 한 것이다. 종손은 유골을 모두 화장하여 선조들 각각 조그마한 비를 만들었다. 비석의 앞면에는 이름과 비위 및 고위, 돌아가신 날짜를 적고 뒷면에는 자손록을 적었다. 그리고 제상도 함께 만들어 지냈다. 작은 혁명이었다. 당시 문중에서는 선조의 묘를 잘못 만지면 해를 입는다고 반대가 거셌으나, 종손은 생각이 달랐다. 모든 것이 선조들을 잘 모시려고 하는 마음에서 비롯된 일인데 선조들도 잘한다고 생각하실 거라고 믿었다. 막상 실행하고 보니 후손들도 쉽게 드나들 수 있었고, 그러자 다른 사람들도 이 방법을 많이 배워 갔다는 것이다. 이러한 일들은 제례 전통의 정신은 살리면서 시대의 변화에 맞춰 형식에서 변화를 준 것으로, 후손들에게 오히려 제례의 정신과 모습을 가까이에서 보고 가질 수 있도록 한 것이다.

용산서원의 향사도 두 번에서 한 번으로 줄였다. 경비와 인력이 너무 많이 들어가는 탓이었다. 이 또한 줄일 때는 다른 사람들의 말이 많았지만 지금은 경주에 있는 사람들이 모두 한 번만 지낼 정도로 그 영향력이 컸다.

전통이 가진 본래의 의미는 지키면서 형식을 간소화하여 후손이 더 친근하게 다가가게 한 것은 제례뿐만이 아니다. 선조들이 남긴 유산을 지키고 가꾸어 나가는 데 문중 사람들 모두가 참여할 수 있는 방법도 마련하였다. 충의당 주변의 소나무 기념식수가 그 예이다.

武公潛窩崔先生諱震立手植

회나무

이 회나무(槐木)는 정무공께서 손수 심으신
나무이며 일제시대와 六、二五당시 한때 고사
했다가 다시 소생한 나무로 유명하다
一九八六년 十一세손 泳安이 정렬을 기우려
주위환경을 정화하였으며 수세가 약해져 一九
九七년 市에서 養生하였다

보 호 수
품 격 나무 고유번호 11-15-10
지정일자 1982 10 29
수종및수령 회나무 400년
소 재 지 경주 내남면 이조리 234-2

회나무

가만 생각하이 변할 거 같애. 그래가 그때 처음 집에 오니까, 요 뒤에는 나무가 회나무가 하나 있었고, 그다음에 은행나무 있었고 그 외에 나무라고는 없었어요. 집이 너무 휑하니, 집안이고 어디고 휑하고 없어 나무를 좀 심어야 되겠다 싶어, 마침 그때 어떤 문중에서 소나무를 몇 개 판다 그래요. 그 뭐 퇴직하고 나야 돈도 없고, 이거 어야노 싶었는데. 문중에 있는 사람들이 회의 때마다 그랬어요. 기념식수 해라. 무조건 이십만 원씩만 내놔라.

그래 받아 가지고는 미리 내가 사 놨어. 사 가지고 가식을 해 놨다가, 죽 심어 가지고는, 팻말을 어느 누가 했다고 기념식수 했다고 죽 이름 달아 줬다고. 아이고 나도 해 달라고 요새도 해 달라는 사람 있어요. 요새 비싸져서 최하 백만 원이라. 이 나무들이 그때 심었는 나무들이, 이십 년 전에 심었는데 천만 원. 저쪽에 앞에 두 그루는 일억 그래요. 그때 심었는 게.

그러이까 소나무가 요샌, 옛날 업자들이 와가 그라대. “아이구, 그때 소나무를 생각을 했노? 그때는 소나무는 집안에도 안 심고 아주 금기하는 것이었는데 그때 소나무를 어예 생각했노?” 나는 뭐 생각하는 것도 없이 이 어른이 청백리고 그러이, 푸른 게 좋고. 그뿐만 아니라, 그때 마침 그런 기회가 있어 가지고 내가 가식해 놓은 것들. 제일 첨에 백 그루를 심었어. 내가.

충의당과 공원

20여 년 전 문중 사람들은 조금씩 돈을 내어 충의당 주변을 단장하기 위해 나무를 심기로 결정했다. 당시에 소나무는 모두가 꺼리는 수종이었지만 종손은 소나무로 결정했다. 이유는 정무공이 청백리여서 소나무가 그 상징성을 가질 수 있다고 생각했기 때문이다. 종손은 나무를 심으며 나무마다 문중 사람들의 이름을 일일이 기념하게 했다. 그 때문에 지금도 문중에서 소나무를 심어 달라고 주문하는 사람들이 있을 정도이다. 그때 심었던 소나무들의 가격은 세월을 지나며 아주 비싸져 한 그루에 수천만

원을 넘는 나무도 있다. 비단 가격뿐 아니라 이 소나무 덕분에 충의당 앞의 넓은 땅을 공원으로 하자는 제의가 들어왔다. 남산 주변의 공원화 사업처럼 농어촌 개발과 연계하여 충의당 주변을 공원으로 조성하면, 이미 소나무가 심어져 있는 탓에 경비를 적게 들이고도 큰 효과를 낼 수 있다는 것이다. 그리하여 지금 충의당 앞은 소나무의 푸르고 정정한 기상으로 가득한 넓은 공원이 조성되었다.

종가에서 중요한 요소인 제사. 종손 대에서는 사대봉사를 하지만 다음의 종손이 될 그의 아들 대에 내려가면 어떻게 하기를 바라느냐는 종가문화연구팀의 질문에 다음과 같이 답변했다.

> 그땐 저거가 알아 하는 거죠, 없애면 없애고 있으면 있고 한데. 지금으로 봐서는 애들이 아마 최하라도 양 대는 안 지내겠나, 사당이 있고 하니까. 큰놈은 그래도 애착심이 많아가지고, 종손이라는 것에 자부심을 느끼고 그래 하더라고. 내가 무슨 뭘 해 놓으면. 서예하기 때문에 그런 거 하고 아마 종손하고 조금 관계가 있기 때문에, 열심히 할 거 같애, 내가 보니까. 내가 뭐 이야길 해 보면 그래도 자부심을 느끼고 있는 거 같으니까.

아들의 의견에 맡긴다는 그의 말에는 아들 역시 종손으로서의 자부심도 느낄 것이라는 신뢰를 먼저 보여 준다. '내가 이렇게 해 왔으니 너도 그렇게 해라' 가 아니라 자부심을 가지고 알아서 하라는 말 속에는 변화를 꺼리지 않는 유연한 태도가 또한 배어 있다. 특히 종손이 손자에게 당부하는 말은 다음과 같다.

> 손자에 대해서는 내 스스로 얘기보다는 될 수 있으면 우리 조상의 이야기를 많이 해 주고 있어요. "이런 조상을 가지고 있으니까 자부심을 가지고 남한테 본보기가 돼야 된다. 큰집 사람이니까, 지손들에게 특히 존경받는 사람이 돼야 되지, 아무렇게 행동해서 안 된다" 하는 이야기는 항상 했고. 손자도 지금 현재 인제 금년에 졸업인데, 성격이고 뭐고 여러 가지로 괜찮은 같애. 걔도 마음 쓰는 게 저만하면 됐구나 싶은 생각이 들어.
> 내 새끼라 그런지 몰라도, 괜찮은 것 같은데. 다른 사람도 사랑을 해요, 손자가 아주 유순하고 괜찮은 것 같다, 그런 느낌이 들어요. 아마 내 생각 같아서는 손자 대까지는 별로. 그리고 여기 집을, 될 수 있는 대로 종가체험이라 그래 가지고. 그래하라고 시에서 자꾸 그래서. 지금 인제 방도 수리해 놓고 화장실도 방마다 여 놓고 다 해 놨어. 그래하면 뭐 전기세 난방세 정도는 안 나오겠나, 우선 뭐 생활이 돼야 되지, 생활 안 되면 제일 어려운 것이 그겁니다.

손자들에게 조상에 대한 이야기를 많이 해 주며 훌륭한 선조의 후손으로서 조심하고 존경받는 사람이 되어야 한다고 늘 당부한다는 그의 말 속에는 이른바 종갓집 문화에 낯설어할 손자 세대에 대한 배려가 들어 있다. 겉으로 보기에 좋지만 역사를 가진 집안의 전통을 유지한다는 것은 경제적으로도 부담스럽다는 것을 누구보다도 잘 아는 그이다. 그래서 손자가 종갓집을 유지하면서 생활을 영위할 수 있도록 종가체험과 같은 다양한 프로그램을 모색 중이다. 손자에 대한 할아버지의 따뜻한 마음씨를 엿보게 한다.

이조리에 정착하고 교직에서 퇴직한 후 종손은 현재까지 봉제사 접빈객 외 문중의 현양사업과 지역의 여러 일을 하며 바쁘게 지내고 있다. 종손은 공무원 연금으로 생활하므로 문중의 돈은 받지 않는데 이 점을 자손들이 자랑스러워한다고 했다. 종손으로서의 권위는 다른 데서 나오는 것이 아니다. 그의 판단, 행동 하나하나에서 느껴지는 엄격함과 청렴이 그 권위를 만드는 것이다.

앞으로 종손은 문중 일과 더불어 종가체험관을 개관할 계획을 세우고 있다. 어릴 때부터 익혀 온 서예도 수준급이라 이제까지 해 왔던 대로 현판과 비문을 써 달라는 부탁이 들어오면 선심을 다해 써 주고, 그렇게 지내고 싶다고 한다.

누구의 삶이든 짧다고 할 수 없는 팔십 평생. 그의 삶은, 그가 스스로 선택하지는 않았으나 단 한 번도 거부하지 않고 선선히 받아들여 최선을 다해 수행하려 했던 종손이라는 이름 하에 걸어왔다. 명예와 권위가 있지만 그 막중한 책임과 의무는 그보다 가볍지 않았다. 그는 종손이라는 이 자리를 선조의 현양사업을 키우고, 전통의 긍정적인 모습을 후손들에게 심어 주는 가교의 역할을 해야 하는 자리라고 믿고 묵묵히 수행해 왔다. 전통이라는 이름으로 무조건 과거의 관습을 따라가지도 않았고, 흔히 그러는 것처럼 현대화라는 이름으로 자신의 의무를 줄이지도 않았다. 오직 과거의 선조와 미래의 후손들이 더 쉽게 만날 수 있는 한도 내에서 그는 전통과 현대의 조화를 추구했다. 그 속에서 기뻐하고 보람을 느끼며 그는 살아왔고, 남은 생을 살아갈 것이다.

2. 종부의 삶

경주최씨 가문의 14대 종부 이영주(1951년생). 그녀를 처음 보며 느낀 인상은 맑다는 것이다. 생기 넘치는 얼굴에 꾸밈없는 말씨. 그리고 표정에는 항상 즐거움이 깃들어 있다.

종부는 4남 2녀의 둘째로 대구에서 태어났다. 대구에서 건설업을 하던 부친 덕에 대구에서 삼층집을 제일 먼저 지을 정도로 어린 시절은 유복했다. 그런데 부친의 사업이 부도가 나자 동생들 뒷바라지를 하며 효성여대(현 대구가톨릭대학교)를 졸업했고, 이후 서울로 가서 직장생활을 하면서 가족들을 도왔다.

종손과 만나게 된 것은 경주에 살던 종손의 친구가 중매를 선 것이 계기가 되었다. 종손은 새장가도 아무나와 할 수 없다.

사당에 신주가 들어가려면 처녀여야 하는 것이다. 이런 사정을 다 아는 친구가 적극적으로 나선 것이다. 당시 종손은 서울에서 교직생활을 하고 있어서 서울에서 1년 동안 만남을 가졌고, 1986년 결혼에 이르게 되었다. 종부의 부친께서 '종가면 됐다' 라고 선뜻 허락하셨다고 한다.

종부

종손이 종부와 결혼한다고 했을 때 시부모님들은 '혹시 젊은 여자가 와서 못 견디면 어떡하느냐, 가 버리면 어떡하느냐' 라는 걱정밖에 없었다고 한다. 시아버지는 종부가 두루마기 동정을 다는 것을 보고 "동정도 달 줄 아는구나. 그럼 됐다" 라고 했다.

신혼살림은 서울에 차렸다. 당시 종손의 근무처가 서울이었기 때문이다. 그때 시아버지가 병환으로 6개월 동안 서울의 병원에 입원하게 되었다. 병간호는 오롯이 갓 시집온 새댁이었던 종부의 몫이었다. 매일 요를 갈고, 온갖 잔심부름을 하는 것은 물론, 느닷없이 토하는 시아버지의 토사물을 손으로 받아냈다. 다른 사람들은 보지도 않으려고 외면하고 말 터인데, 그것을 손으로 받아내는 젊은 새댁을 보고 깜짝 놀란 문중 사람들이 대단하다고 입을 모았다. 그 덕에 집안 어른들의 신임을 톡톡히 얻은 것은 물론이고, 간호를 얼마나 잘 했는지 간호사 출신이라는 말까지 들었다.

물론 좋은 말만 들었던 것은 아니다. 20여 년 전 경주에 정착한 지 얼마 되지 않았을 때였다. 포항방송에서 출연제의를 해 와서 출연하게 되었다. 그때 진행자가 종부에게 종가에 대해 '알고 시집 왔는지, 모르고 시집 왔는지'를 물었다. 종부는 "알았으면 시집을 안 왔겠지요?"라고 대답했다. 방송이 나가자 문중 어른들께서 걱정을 하셨다고 한다. 시댁에 대해 이렇게 말하면 앞으로 차종부도 있는데 어떻게 생각할지 걱정이 되었던 것이다. 시댁 험담은 하지 않는다는 것도 지켜야 할 우리의 전통 아니던가. 그게 말썽이 되어 너무 놀란 탓에 종부는 그 후로는 매스컴에 나가지 않는다고 한다. 종부의 삶이란 결국 개인이 아니라 문중과 밀접한 연관관계가 있음을 보여 준다고 하겠다.

처음에 종부는 종택의 생활이 낯설었다. 종부는 도시에서만 살았고 직장생활을 했던 도회 여성이었으니 그 어려움을 충분히 짐작할 만하다. 그런데도 종부로서 힘든 점이 없느냐는 필자의 질문에 뜻밖에도 종부는 그렇게 힘든 점은 없다고 한다. 종부로서 좋은 것이 더 많고 나쁜 것은 별로 없다는 것이다. 세상에서 인간이 살아간다는 것은 모두 그러하므로 힘든 것은 누구나 힘들다는 것이다. 즉 일상 속에 살아가면서 사소하게 힘든 것은 누구나 가지고 있기 때문에 종부라서 특별히 더 힘든 것이 있다는 생각은 하지 않는다는 것이다. 시작만 하면 끝이 있으니 늘 하면 된다는 생각으로 모든 일을 어렵다고 여기지 않는다는 것이다. 덧붙여 종부가 대단한 것은 아니라고 생각한다면서 한 가정의 주부이며 한 문중의 주부로서 존재할 뿐이므로 만약 종부가 대단하다고 생각하면 더 부담스러운 마음이 들 것이라고 했다.

종부는 크게 실망할 일도 없고 열심히 조금씩 일을 하다 보면 좀 더 나아지는 것이 큰 보람이라고 했다. 꼭 물질적인 것이 아니더라도 오늘보다는 내일이 더 나아질 것이라는 희망으로, 일신우일신하는 마음으로 생활해 나간다는 것이다.

늘 긍정적인 사고로 일에 대처하는 그녀의 삶의 철학이 묻어나는 대목이다. 그런 그녀에게도 결혼한 뒤에 걱정되는 것이 있었다. 지병이 있었던 시아버지는 지극 정성으로 간호했음에도 불구하고 79세의 나이로 돌아가셨다. 그런데 그녀가 결혼한 지 채 1년도 되지 않은 시점이라 혹시나 종부가 잘못 들어와서 시아버지가 돌아가셨다는 말을 주변으로부터 듣게 된다면 이것이 종가에 누가 될까 염려가 되었다고 한다. 아마도 종부로서의 위치와 책임감 때문이었을 것이다.

이것은 친정에서도 마찬가지였다. 친정아버지가 쓰러졌는데 제대로 봉양하지 못한 것이 안타까웠다고 한다. 결혼하지 않았으면 친정아버지를 봉양할 수 있었을 것이며 그렇게 일찍 돌아가시지는 않았을 것이라면서 회한이 남는다고 했다. 친정아버지를 만나러 가면 항상 종가에 일이 많은데 빨리 가라고 해서 친정에 오래 있지를 못했다고 한다.

종부는 이 두 가지 외에는 마음에 특별히 힘든 것이 없었다고 할 정도로 매사에 긍정적인 사고로 종부로서의 책임과 의무를 담담히 받아들였다. 전통은 다른 사람들이 보기엔 좋고 지켜야 할 것이지만 자신이 그것을 실행한다는 것은 쉽지 않은 일이다. 이렇듯 종가에 힘든 일이 있을 때 종부가 쉽게 이겨 나갈 수 있었던 것도 그녀의 긍정적인 사고방식이 큰 몫을 차지했다. 하지만 이에 못지않게 종손이 큰 힘이 되어 주었다고 한다. 특히 종손이 힘든 부분을 잘 알아주어 격려가 된다는 것이다. 종부로서 잘 지낼 수 있는 것에 자녀들이 착하다는 것도 빼놓지 않았다.

종부는 종손이 여러 가지 일이 많기 때문에 특별히 내조하는 것은 없고 그저 마음을 편하게 해 주는 것에 최선을 다한다고 한다. 문중 일이든 자녀들 일이든 종손이 심리적으로 힘들지 않게 하기 위해 종부 자신과 관련된 일에서는 아무리 힘들어도 스스로 해결하려고 노력한다는 것이다. 종손이 문중 일을 좋아하기 때문에 건강에만 무리가 없으면 성실히 하는 것에 대해 아무런 반대 없이 순리대로 따르는 것이 자신의 해야 할 일이라고 여기고 있었다.

제사에 대한 종부의 생각은 불천위 제사는 옛 방식대로 그대로 고수하여 그 명맥을 잇게 하고 싶다고 했다. 그리고 제수가 중요한 것이 아니라 기일을 기억하고 선조를 기리는 것이 중요하므로 이후에도 4대봉사를 했으면 좋겠다는 뜻을 가지고 있다. 그러므로 제사가 힘들다는 생각을 한 적이 없다는 것이다. 문중 사람들이 와서 제사를 지내고 가는 것이 좋다는 것이다. 불천위 제사 제수 준비 때는 유사와 함께 장을 보러 가는데 유사가 마음이 편하도록 제수 비용에 맞추어 제수 구입을 합리적으로 결정해 주는 역할을 한다.

종부는 늘 배우러 다녔다. 차가 고장 나도 정비소가 너무 멀어 수리도 어려웠다. 그래서 종부가 직접 정비 기술을 배워 정비사 자격증까지 가지고 있을 정도이다. 또한 홈패션, 퀼트, 비즈공예, 개량 한복 만드는 것을 배웠다. 이와 함께 종가 음식, 가양주 만드는 법을 배웠고, 지금은 전통차에 대해 배우고 있다. 그리고 컴퓨터를 배워서 시제 때의 내용을 컴퓨터에 기록하여 둔다고 한다. 이렇게 배운 것들은 이후 고택 체험을 할 때 제수로 사용되는 땅콩 괴는 것과 더불어 꽃차 만드는 법 등 다양한 프로그램으로 활용하면 좋겠다는 생각을 가지고 있다.

이렇듯 결혼하고 20여 년 동안 종부는 한 번도 쉬어 본 적 없이 무엇인가를 배웠고, 제례를 올렸으며, 손님을 치렀다. 동시에 한 남자와 결혼한 여자로서 남편이 하는 일을 내조하고, 자식들도 키워야 했다. 그 모든 일들을 종부는 최선을 다해 수행해 왔다. 문중의 인정도 인정이지만 그녀의 성실함은 모두에게 귀감이 될 만하다.

앞으로 차종부에게 종부로서 어떤 말을 전해주고 싶은지에 대한 질문에 그녀의 답은 다음과 같다.

> 내가 뭐 종부로서 본보기가 되어 주는 것이 없어서 특별히 당부하고 싶은 말은 없어요. 차종부가 지금도 열심히 살고 있으니까 앞으로도 열심히 살기 바래요. 그리고 모든 일과 행동에도 그렇지만 종부라는 것에 권위가 있다면 그러한 권위를 가지는 것보다는 오히려 책임을 더 많이 가져서 종가의 종부로서 밖에 보이는 것보다는 내실을 다져 나갔으면 좋겠어요. 늘 친정엄마가 "여자는 남자를 잘못 만나면 본인 한 사람만 힘들지만 남자는 여자를 잘못 만나면 집안이 망한다"라고 하신 말씀을 떠올리곤 해요. 이 집안에 누가 되지 않도록 열심히 하면 잘되리라 생각해요.

이러한 종부의 말은 그녀가 실천하고 있듯이 보이는 것보다는 내면을 더 성실히 가꾸면서 드러나지는 않지만 자신의 맡은 바 책임을 해 나갔으면 하는 바람인 것이다.

그리고 종부는 앞으로 지역사회와 더불어 사는 삶에 대해서도 구체적인 계획을 가지고 있었다. 그녀는 '주부들의 쉼터'를 만들고 싶다고 했다. 이에 대한 종부의 생각은 다음과 같다.

벌써부터 계획하고 하고 싶은 것이었는데 아직도 못하고 있어요, 저는 '주부들의 쉼터' 를 만들고 싶어요. 요즘은 재혼 가정, 혼자된 사람, 고부간의 갈등, 자식과의 갈등으로 힘들어 잠시라도 쉬고 싶어 집을 나서도 주부들은 막상 갈 곳이 없어요. 그래서 주부들의 쉼터 같은 곳을 만들어 2~3일 정도 이곳에 머물면서 사람들과 함께 가슴에 쌓인 이야기도 털어 놓고 쉬다 보면 집으로 편안히 돌아가서 생활을 잘할 수 있지 않을까라는 생각이 들어요.

이렇듯 종부는 지역사회에서 다른 사람들과 함께 어우러져 살아갈 수 있는 방법까지도 생각하고 있다. 가정이 바로 되어야만 사회도 바루 될 수 있으며 거기에는 여성의 역할이 중요하다는 것이다.

남편이 종손의 의무를 자기 삶의 일부로 받아들였듯이 그녀도 종부의 책임을 기꺼이 받아들인 것이다. 흔히 우리는 운명이라는 말을 사용하는데, 어쩌면 그녀는 종부의 운명을 타고난 것일까. 늦게 결혼하게 된 것이 아마도 종부가 되려고 그랬던 것인지도 모르겠다. '종부라고 해서 특별한 삶이 아니라 일반적인 삶이다' 라는 그녀의 말처럼 이것이 현대사회에 종가가 스며들 수 있는 또 하나의 방법이 될 수 있지 않을까라는 생각이 든다.

참고문헌

용산서원 소장 고문서 자료.

최경로,『貞武公崔先生實紀』, 용산서원, 1739.

______,『潛窩先生實紀』, 1875.

강성복 외,『불천위 제례』(『한국 무형문화유산 자원』 2), 국립문화재연구소, 2013.

경주임란의사추모사업회,『(慶州壬亂義士)倡義錄』, 慶州壬亂義士追慕事業會, 1998.

경주최부자민족정신선양회,『경주최부자 문파재의 경영특성과 민족운동』 실기집 1권, 경주최부자민족정신선양회, 2012.

유석우 역,『국역 잠와선생실기』, 용산서원, 1975.

이조최씨문중,『潛窩先生實紀 附錄世系攷』, 龍山書院, 1975.

전진문,『(경주 최부잣집) 300년 富의 비밀』, 황금가지, 2005.

조철제,『경주문집해제』, 경주문화원, 2004.

최정희,『한국불교전설』, 우리출판사, 1996.

한국정신문화연구원,『고문서집성 50 · 51－경주 이조 최씨 용산서원편』, 2000.

강정근,「경주 이조리소재 崔震立神道碑 龜趺의 彫刻樣式과 編年問題: 統一新羅時代 龜趺의 樣式과 관련하여」,『경주사학』 32, 경주사학회, 2010.

손숙경,「朝鮮後期 慶州의 書院과 士族의 地域支配秩序: 慶州 伊助의 龍山書院과 崔氏 家門」, 동아대 석사학위논문, 1992.

______,「조선후기 경주 용산서원의 경제기반과 지역민 지배」,『고문서연구』 5, 한국고문서학회, 1994.

장동익, 「1633년 京畿水使 崔震立의 解由文書 에 대한 一檢討」, 『大丘史學』 26, 대구사학회, 1984.
최영기, 「경주지역 부조묘 종가의 건축 특성에 관한 연구」, 국민대학교 박사학위논문, 1996.

한국민족문화대백과사전 http://encykorea.aks.ac.kr/